Roland Rosinus
Aus der Dunkelheit ans Licht

Roland Rosinus

Aus der Dunkelheit ans Licht
Wenn Angst zur Krankheit wird

Erfahrungsbericht eines Betroffenen

Mit einem Vorwort
von Franz-Josef Klein

Originalausgabe

Textbearbeitung:
Verlagsbüro Andrea Stangl, Paderborn
Umschlag-Illustration:
Christian Tölke, Völklingen
Umschlaggestaltung:
Druckerei Demetz, St. Ingbert
Herstellung:
Libri Digital Services, Norderstedt

ISBN 3-8311-0582-0

VORWORT

Menschsein heißt frei sein, frei sein von allen Zwängen und Unterdrückungen – gemeint sind hier nicht nur körperliche, sondern ganz besonders seelische "Erdrückungen". Angst ist ein ungeheurer Druck, eine Pein, die das Leben unfrei und erdrückend macht.

Franz von Assisi hat das schöne Wort geprägt:

Tue erst das Notwendige,
dann das Mögliche,
und plötzlich schaffst Du das
Unmögliche!

Roland hat dies getan: Er hat sich geöffnet (das moderne Wort heißt: *geoutet*) – er hat seiner Umwelt seine Angst kundgetan – und so schaffte er das "Unmögliche": seine Heilung!

Einige Menschen waren für ihn Licht. Bruder Alexander hat einmal gesagt: "Wo Licht ist, muß Finsternis weichen."

Ein Mensch, der Angst hat, lebt in der Finsternis. Wer Angst hat, darf nicht einfach mit Medikamenten (Sedativa) ruhig gestellt werden – er braucht Menschen und Gespräche.

Wer Angst hat, suche sich und öffne sich solchen Menschen, die Zeit haben für Gespräche.

Franz-Josef Klein
Heilpraktiker

EINLEITUNG

ANGST!!! Nichts be-HERR-schte mich die letzten 10 Jahre mehr als dieses Gefühl. Sie schnürte mir die Kehle zu, ließ mein Selbstbewußtsein gegen Null sinken. Sie nötigte mich zum Rückzug von Menschen, selbst von denen, die ich liebe oder mag.

Sie bescherte mir Körpergefühle von einer nie gekannten Intensität. In Situationen der Panik glaubte ich sterben zu müssen. Angst begleitete mich den ganzen Tag: Angst, Angst, Angst, morgens wenn ich aufwachte, den Tag über im Beruf und in der Familie und abends beim Schlafen gehen. Ich hoffte abends, sie möge verschwinden, doch morgens war sie pünktlich wieder da, so, als wollte sie mich an etwas erinnern.

Erinnern Sie sich an das Vorwort von Herrn Klein: Wer Angst hat, öffne sich und suche Menschen, die Zeit für Gespräche haben.

Ich danke diesen Menschen, die Zeit für mich hatten. Von Mit-Betroffenen habe ich am meisten gelernt. Ich schrieb dieses Buch für Menschen, die angstkrank sind. Ich erzähle meine Geschichte schonungslos offen. Das Buch erhebt keinen Anspruch auf Wissenschaftlichkeit und Vollständigkeit. Vielmehr möchte ich aus der Sicht eines Betroffenen zeigen, wie eine Angstkrankheit entstehen kann, wie sie sich hält, aber auch, wie ich mit ihr umgehen kann. Angst ist heilbar. Es ist ein langer Weg, auf den ich mich begeben habe. Die Chance und der

Glaube, daß sich der Weg lohnt, ist meine Motivation. Ich kann nur gewinnen.

Ich würde mich freuen, wenn meine Geschichte anderen Menschen helfen könnte, sich ebenfalls auf den Weg zu machen.

Wenn die Hoffnung aufsteht,
legt sich die Verzweiflung schlafen …
Unbekannt

DER ZUSAMMENBRUCH – WIE ALLES ANFING

In meinem Kopf ist ein Datum wie mit Leuchtziffern eingebrannt: 05. November 1996.

Ein Jahresrückblick zeigte mir, wie viel ich mir wieder zuge-
mutet hatte. Ich hatte einen Posten als Gewerkschaftsvorsitzen-
der angenommen, war als Dozent für Entspannungsübungen an
der Volkshochschule tätig und leitete als Trainer eine Lehrer-
/Eltern-Gruppe.

Mein Beruf als Polizeibeamter in leitender Position im Wech-
seldienst forderte mich voll. Zum Ausgleich "ein wenig Sport",
ehrgeizig und verbissen: Tennis, Tischtennis, Laufen, Fußball.
Ja – und irgendwo war da noch meine Familie.
Ich versuchte allen gerecht zu werden, nur mir nicht. Nach außen hin wirkte ich souverän und ausgeglichen, doch innen bro-
delte es bereits. Mein Verstand sagte mir: *Roland, brems!*, doch
ich konnte oder wollte die Bremse nicht finden.

Bis ich an jenem 5. November jäh gestoppt wurde. Ich hatte
Frühdienst, eigentlich ein Tag wie jeder anderer. *Eigentlich?* In
der Nacht hatte es stark geschneit, für saarländische Verhältnis-
se Winter pur.

Ich war alleine und saß am Leitpult der Polizei. Die Kollegen
fuhren von einem Verkehrsunfall zum nächsten. Als Dienst-
gruppenleiter bin ich sehr oft alleine mit den 4 Telefonen, 3
Funkgeräten, der Bank- und Brandmeldeanlage und einigen

10

Haus- und Türdrückern. Empfangen, Betreuen und "Verteilen" des Publikumsverkehrs gehörte ebenfalls zu meinen Aufgaben.

An diesem Morgen standen die Telefone nicht still. Jeder Bürger wollte wissen, welche Straßen gesperrt sind, natürlich den nächsten Weg unter diesen Umständen und warum der Streudienst immer zuletzt in ihrem Viertel auftauche, obwohl er schließlich auch seine Steuern bezahle.

Mir wurden wegen Sperrungen, aber auch Nichtsperrungen Dienstaufsichtsbeschwerden angedroht von Leuten, die nach eigenen Angaben beste Beziehungen nach "oben" hätten. Ich würde schon sehen, wo ich hinkäme.

Für einen Polizisten Realität, ein normaler Alltag mit Schwierigkeiten, deren Bewältigung mit entsprechender Gelassenheit möglich sein müßte. Ich möchte auch nicht falsch verstanden werden: Ich liebe meinen Beruf und gab ihm nicht die Schuld an meiner Erkrankung. Ich denke sogar, der Beruf ist austauschbar: Krankenschwestern, Lokführer, Lehrer, Sprengmeister, Versicherungsangestellte ... u.v.a.

Doch heute kroch in mir das Grauen hoch, jeder Anruf ließ meinen Adrenalinspiegel steigen. Ich war nervös, unruhig, zuckte unaufhörlich und wurde zunehmend aggressiv und hilflos. Alles schien mir über den Kopf zu wachsen. In mir schrie etwas: *Aufhören! Laßt mich in Ruhe! Bitte keine Anrufe mehr!* Doch die nächsten Anrufe kamen ... gleichzeitig ... immer wieder und wieder ... "Man müßte mehr tun in der Kreisgruppe der Gewerkschaft", meinte ein Anrufer, und ein Bürger wollte wissen, ob der Flughafen Saarbrücken vereist sei, der nächste verlangte einen Soforteinsatz, weil Kinder auf seinem Bürgersteig Schlitten fuhren.

Schließlich kamen die Kollegen von ihren Einsätzen zurück. Von Entlastung keine Spur, jetzt begann ihre Schreibarbeit. Plötzlich bekam ich von meinem Körper eine Lektion erteilt, die ich so schnell nicht vergessen sollte. Daß ich in diesem Moment immer noch versuchte, souverän zu bleiben, obwohl alles um mich herum schwankte, gehört wohl zum Krankheitsbild der Angst. Jedenfalls wurde mir plötzlich übel, der Körper erstarrte regelrecht. Es war, als würden tausend Stromstöße meinen Körper lähmen. Ich dachte noch: *Jetzt ist alles aus*, krallte mich an den nächsten Kollegen und hielt mich fest. Ich hatte keinen Boden mehr unter den Füßen. Als die Kollegen die Lage erfaßt hatten, stützten sie mich und setzten mich auf die Eckbank im Sozialraum. Der Spuk dauerte fünf Minuten, dann war er vorbei. Doch der Eindruck war so nachhaltig, daß er mein ganzes Leben verändern sollte. Zurück blieb unmittelbar danach eine große Angst. Ich zuckte und zitterte am ganzen Körper, hatte Angst, einen Herzinfarkt zu erleiden, und dachte pausenlos nur: *Was war das?* Meine Gedanken hämmerten. Nachdem ich mich einigermaßen beruhigt hatte, fuhr mich ein Kollege zu meinem Hausarzt. Das Ergebnis war verwunderlich: EKG in Ordnung, normaler Blutdruck, ohne Befund. Ich bekam eine Beruhigungsspritze.

Doch mein Leben war aus den Fugen. Ich hatte eine Panikattakke erlitten (das erfuhr ich erst später). Wer jemals eine solche Panikattacke erlebt hat, denkt nur noch: *So etwas will ich nicht noch einmal haben.* Genau diese Denkweise nährt den nächsten Anfall, in immer kürzer werdenden Abständen.

Ich schleppte mich so über den Jahreswechsel hinaus, begleitet von düsteren Gedanken, depressiven Phasen und dem Bewußtsein *Es wird immer schlimmer.*

Ab 08. Januar 1997 – knapp 2 Monate nach dem ersten Anfall – besuchte ich ein Gewerkschaftsseminar. Vielmehr, ich *wollte!*

Ich bemerkte gleich die Gegenwehr meines Körpers. Ich konnte mich nicht konzentrieren, zuckte und würgte. Die Themen, die mich sonst interessierten, kotzten mich nun regelrecht an. In einer Pause konnte ich die Kontrolle über mich nicht mehr aufrecht erhalten. Ich weihte den Landesvorsitzenden ein, packte meine Sachen und fuhr nach Hause.

Tausend Gedanken gingen mir durch den Kopf. Am ausgeprägtesten waren die Gedanken, versagt zu haben. Zukunftsangst – *Was wird aus mir? Was wird aus meiner Familie, unserem Haus, wenn ich nicht mehr arbeiten kann? Werde ich verrückt?* – war ab sofort mein ständiger Begleiter. In meinem Kopf spielten sich nur noch Katastrophen ab. Am größten war die Angst zu sterben.

Der Hausarzt erschien, wollte mich für sechs Wochen in die Psychiatrie einweisen. Meine Therapeutin (denn ich war zwischenzeitlich in psychotherapeutischer Behandlung) machte mir Mut, es noch mal mit einer ambulanten Therapie zu versuchen.

Ich war dienstunfähig. Ich bekam starke Beruhigungsmittel, die die Angst lösten. Die Entspannung war trügerisch, betäubte nur die Gefühle.

Meiner Ehefrau und den Kindern sah ich ihr Entsetzen an. Doch meine Frau ließ den Kopf nicht hängen, kämpfte. Meine Eltern und Schwiegereltern verstanden die Erkrankung nicht, waren ratlos. Wie auch?! Freunde und Sportkameraden waren fassungslos. Wer? Roland? Der doch nicht! Ein so ruhiger und ausgeglichener Mensch!

Ich mochte niemanden sehen und nicht weggehen. Ich schlief nicht mehr gut, schreckte hoch, hatte Träume voller Müll. Nach nächtlichen wilden Zuckungen hielt ich mich krampfartig am Bettkasten fest, in der Erwartung, jederzeit einen Herzinfarkt zu bekommen. Ich dachte, ein Körper kann das doch nicht aushalten. Ich hatte Angst, die Kontrolle zu verlieren, Angst, verrückt zu werden, Angst zu sterben, Angst, Angst, Angst ... nur noch Angst.

Fünf Minuten Besuch, selbst von mir geliebten Menschen, gingen an den Rand meiner Kräfte.

Kein Autofahren, kein Sport. Es war schrecklich, alleine zu sein.10 Minuten am Abend spazieren zu gehen verlangte mir meine ganze Kraft ab. Ich hatte keine Energie mehr. Ich dachte: *Hoffentlich bleibt keiner bei mir stehen, ich schwanke, ich falle um. Dann käme der Krankenwagen. Das wäre schrecklich. Wie peinlich! Ich kann nicht mehr stehen.* Es war, als würde sich eine Erdspalte auftun. Festhalten, nur noch festhalten!

Ich hatte auch den Eindruck, den Tag nicht zu schaffen. Nur zwei Stunden nach dem Aufwachen schaute ich auf die Uhr, verstand nicht, warum ich schon wieder erschöpft war. Ich flüchtete mich häufig in einen oberflächlichen Schlaf.

Die Zeit zu Hause wurde mir zu lang. Ich wurde zunehmend ungeduldiger. Ich starrte die Wand an. Ich dachte an Selbstmord, machte aber nie Anstrengungen, den Gedanken in die Tat umzusetzen. Das war nicht mein Ding!

Zeitweise ging es auf und ab. Der verhängnisvolle Satz "Du bist aber blaß!" ließ mich direkt wieder abstürzen.

Und dennoch! Ich gab nicht auf. Einem "Widder" sagt man ja nach, daß er sich immer wieder aufrichtet, wenn er wie ein Käfer auf dem Rücken liegt.

14

Ich fing langsam an, unter die Leute zu gehen. Ein kurzer Einkauf, die Spaziergänge wurden wieder länger. Ich durfte mir nicht zu viel zumuten.

Ein Besuch auf der Dienststelle brachte mir einen Schweißausbruch ein. Ich zitterte leicht.

Zu diesem Zeitpunkt fing ich an, mich mit meiner Krankheit auseinanderzusetzen. Ich holte meine Tochter ab, *obwohl* ich panische Angst davor hatte. Ich stellte mir das Schlimmste vor, was passieren könnte, es war aber gar nicht so schlimm. Zudem traten die Katastrophen im Kopf nie wirklich ein.

Meine Frau nahm mir den Ernährer- und Beschützerdruck: "Wir gehen nicht unter, egal, was passiert!" Meine Stimmungen waren zwar schwankend, aber ich wurde insgesamt optimistischer. Nach schlechten Tagen folgten jetzt wieder bessere. Ich konnte auf einen Geburtstag gehen und auch wieder geringfügig Sport treiben.

Hatte ich mich vorher versteckt und geschauspielert, akzeptierte ich nun nach und nach, daß ich krank war. Ich öffnete mich gegenüber meinem Umfeld und erzählte von meiner Krankheit. Für manche Menschen schien dies wie eine Befreiung gewesen zu sein, kamen sie doch nun ebenfalls aus der "Böschung". Ich erfuhr: viele Menschen haben Angst und körperliche Streßreaktionen.

Zwar noch schwach ausgeprägt, kam mir der Gedanke, daß die Angst ein Warnsignal war, also eine Funktion hatte. Wahrscheinlich sollte ich mich mehr um mich kümmern, Prioritäten setzen.

Während dieser Phase kam der Vorschlag meiner Therapeutin, in einer Fachklinik eine stationäre Therapie zu beginnen. Ich überlegte, stimmte zu. Ich sah die Chance, mit fachlicher Hilfe mein Leben positiv umzukrempeln.

Ich glaube, ich habe diese Chance gut genutzt!
Lieber Leser, mit dieser ausführlichen Schilderung wollte ich Ihnen (und mir selbst noch einmal) praktisch vor Augen führen, wie es zu einer Angsterkrankung kommen konnte. Vielleicht gibt es ja Parallelen zu Ihrem Krankheitsverlauf. Ging es Ihnen auch so? Schon beim Lesen dieses Kapitels wurde ich auf Dinge aufmerksam, die ich vorher nicht bewußt wahrgenommen hatte: Selbstüberschätzung, Raubbau mit der eigenen Energie, zu hohe Erwartungen, Vernachlässigung der Familie ... Na, dämmerts?

Auf jeden Fall habe ich beim Schreiben den Eindruck gehabt, die Geschehnisse neu aufleben zu lassen. Ich war ganz schön nervös und habe gezittert. Später wurde ich ganz ruhig.

Die folgenden Kapitel sind ein Resümee meiner Arbeit. Ohne meine Therapeuten wäre ich noch nicht so weit. Aber die Arbeit beinhaltet auch, irgendwann einmal "frei zu schwimmen". Die Arbeit an sich selbst stellt den größten Part. Es ist so, als machte ich den Führerschein und müßte nun lernen, Auto zu fahren.

Noch eine Erkenntnis: Eine Angsterkrankung kommt nicht von Knall auf Fall. Rückblickend wird mir bewußt, daß sie sich langsam und schleichend fast über mein ganzes Leben entwikkelt hat.

Ich möchte Ihnen im folgenden einige Informationen zur Thematik *Angst* geben und Bewältigungsmöglichkeiten zeigen. Diese Möglichkeiten der Angstbewältigung haben mir geholfen. Doch bedenken Sie: Jede Krankheitsgeschichte ist individuell verschieden.

ARZT ODER HEILPRAKTIKER?

Ich möchte dieses Thema gleich zu Beginn aufgreifen, weil es diese Fragestellung immer wieder geben wird, suchen doch die Betroffenen auf ihrem oft langen Leidensweg mehrere Behandler auf.

Ich kann die Frage letztlich auch nicht zu jedermanns Zufriedenheit beantworten. Aber zu *meiner* Meinung: Ich habe dieses Buch nicht geschrieben, um irgend jemandem auf die Füße zu treten, sondern um Mitmenschen, die in etwa die gleiche Erkrankung haben oder hatten, zu helfen.

Was mir geholfen hat, war eine Kombination aus

- schulmedizinischer Verhaltenstherapie
- Medikamenten aus der Naturheilkunde
- Desensibilisierung auf naturheilkundlicher Basis
- Eigenarbeit
- Gesprächen mit lieben Menschen.

Nach meinen Erfahrungen wäre die Frage *Schulmediziner oder Heilpraktiker?* zu beantworten mit *Schulmediziner und Heilpraktiker*. Mich persönlich würde es freuen, wenn beide Seiten mehr miteinander als gegeneinander arbeiten würden.

Auf jeden Fall würde ich Ihnen raten, den Behandler Ihres Vertrauens durchaus kritisch auszusuchen; schließlich passen Behandler und Patient nicht immer zusammen.

*Angst heißt, daß wir falsche Zusammenhänge
als wirklich empfinden.*
Paula L.

VERLAUF DER ERKRANKUNG UND ERKLÄRUNGSVERSUCHE

Zunächst dachte ich, eine berufliche Enttäuschung habe bei mir die krankhafte Angst ausgelöst. Doch je mehr ich nachdachte, desto mehr wurde mir klar, wie lange ich schon mit dem Thema *Angst* konfrontiert gewesen bin. Ich kann mich noch erinnern, wie ich früher als Kind, wenn's bei Lassy oder Fury brenzlig wurde, den Rückzug antrat und mich kurzfristig versteckte. Als Jugendlicher litt ich dann permanent unter meiner großen Nase und hatte die ständige Angst, bei meinen Kameraden nicht "gut anzukommen".

Ich heiratete jung und übernahm dementsprechend auch früh Verantwortung für eine kleine Familie. Mein 2. Sohn starb früh mit 3 Jahren; er war schwer behindert. Plötzlich stand ich mit 27 Jahren da und hatte eine Lebenserfahrung wie andere mit 50. Ich verdrängte, vergaß zu trauern, wollte zu stark sein. Die Trauer sollte mich 15 Jahre später wieder einholen.

Beruflich traute ich mir zu, Bäume auszureißen, bildete mir ein, alles verändern zu können, bis ich einsah, daß ich nur mich ändern kann.

Von meiner Persönlichkeit her (wie ich mich sehe) habe ich folgende Eigenschaften:

- ehrlich
- gerecht

- hilfsbereit
- verantwortungsvoll
- ruhig

aber auch

- ehrgeizig
- zum Teil perfektionistisch
- verbissen
- hohe Erwartungen an mich und andere
- sensibel.

Fazit:
Meine Angsterkrankung schlich sich in mein Leben ein, ganz langsam – wie ein Wassereimer, in den immer nur ein Tropfen fällt.

Meine blühende Phantasie verlagerte sich in den negativen Bereich, und ich konnte mir das Eintreten unrealistischer Katastrophen "so richtig schön" vorstellen.

Die Angst trat immer dann am stärksten auf, wenn ich mich überfordert hatte und nicht selbst an mich glaubte.

WISSENSWERTES ZUM THEMA ANGST

Die folgenden Kapitel beschreiben den Unterschied zwischen Angst als einem notwendigen, natürlichen und sinnvollen Urgefühl (Furcht) und Angst als Krankheit. Ich lernte im Verlauf meiner Behandlung Wissenswertes über meine Krankheit und möchte Ihnen im folgenden mein *persönliches* Angstbewältigungsprogramm vorstellen.

Allein das Wissen bzw. Erlangen von Informationen über die Angst haben mich erleichtert. Ich wußte nicht konkret, was mit mir los war. Ich dachte lediglich, irgend etwas stimme nicht mit mir. War ich auf dem Weg zum Verrücktwerden??

Angst als Urgefühl

Angst ist wahrscheinlich das älteste und intensivste Gefühl des Menschen. Sie ist von ihrem Wesen her nichts Krankhaftes, sondern übt im Gegenteil eine Schutzfunktion aus. Die eigentliche Schutzfunktion der Angst besteht darin, daß sie uns durch bio-chemische Veränderungen im Körper – ähnlich wie bei Streß – nach Wahrnehmung einer Gefahr in die Lage versetzt, schnell zu reagieren: nämlich durch *Angriff* oder *Flucht*.

Mit der Zivilisation und der zunehmenden Fähigkeit des Menschen, für die eigene Nahrung zu sorgen, gingen die typischen Reaktionsweisen *Angriff* und *Flucht* verloren bzw. wurden unterdrückt. Die Flucht im heutigen Leben besteht wohl mehr im Weglaufen, im Ruhigsein ("Runterschlucken"), und in der Vermeidung ("Die Faust wird im Sack gemacht").

Angriff treffe ich an in körperlichen und verbalen Aggressionen, zum Teil bei nichtigen Anlässen wie dem täglichen Kampf um einen Parkplatz. Nicht selten begegnen uns Situationen, in denen wir gerne kämpfen würden, z.B. bei einem Streitgespräch mit dem Chef oder dem Ehepartner. Doch ganz ehrlich, wer traut sich das schon angesichts drohender Repressalien wie Arbeitslosigkeit, schlechtem Arbeitsklima und Mobbing?

Bio-chemische Prozesse

Die bio-chemischen Prozesse, die nach Wahrnehmung einer Gefahr im menschlichen Körper ablaufen, sind auch nach tausenden von Jahren gleich geblieben. Sie können sich das vorstellen wie beim Fallen von hintereinander aufgestellten Dominosteinen: eine Reaktion löst die folgende aus. Nach Beurteilung eines Reizes als *gefährlich* werden im Gehirn komplizierte hormonelle Reaktionen ausgelöst: der Mensch hat Angst und spürt sie ganz intensiv.

Angstsymptome

Bei diesen beschriebenen hormonellen Kettenreaktionen können folgende Symptome auftreten, die völlig normal sind, aber den Menschen beunruhigen können:

Herzklopfen, Herzrasen
"Mir schlägt das Herz bis zum Halse"
Durch die erhöhte Sauerstoff- und Energiezufuhr schlägt das Herz entsprechend der Belastung schneller, oft auch unregelmäßig. Der eigene Puls wird ständig kontrolliert. Der Eindruck entsteht, das Herz würde rasen oder stolpern. Negative Gedanken verschlimmern dieses Symptom. Direkt denkt der Kranke an eine schwere Herzerkrankung und befürchtet, ein Herzinfarkt stehe unmittelbar bevor: *So hat es bei Onkel Gerd auch angefangen!*

Atemveränderungen
"Ich war atemlos vor Schreck", erzählt der Fußgänger, der beinahe auf dem Fußgängerüberweg angefahren worden wäre.

Durch erhöhten Sauerstoffbedarf atmet der Betroffene schneller und vernachlässigt dabei das Ausatmen. Dies führt zu erhöhter Luftansammlung in der Lunge und schmerzhaften Muskelanspannungen im Brustbereich. Diese Verspannungen können bereits wieder als herzbedrohend fehlinterpretiert werden. Manche Menschen erleben diesen Vorgang als so bedrohlich, daß sie noch schneller atmen und dann hyperventilieren. Es kommt zu

Blutveränderungen. Die Folge: ein Kribbeln in Händen und Füßen und Muskelverspannungen. Der Atmung, insbesondere dem ruhigen Ausatmen, kommt bei der Angstbewältigung eine große Bedeutung zu.

Schwindelgefühl, Schwarzwerden vor den Augen, Ohrgeräusche

Bei angenommener Gefahr werden die großen Muskeln des Körpers besser durchblutet. Es erfolgt eine rasche Umverteilung von den Organen in die Muskulatur. Die wichtigen Organe bleiben zwar durchblutet, es können aber Schwindel, "Schwarzwerden" vor den Augen und unangenehme Ohrgeräusche wie Rauschen, Pfeifen oder Piepsen auftreten. Manche Menschen hören dann sogar verstärkt ihren Puls im Ohr und haben plötzliche Frequenzstörungen.

Mundtrockenheit
"Mir bleibt die Spucke weg"
Das schnellere Atmen bewirkt, daß der Speichel schneller verdunstet und der Mund austrocknet. Schluckbeschwerden können die Folge sein.

Übelkeit, Bauchschmerzen
"Mir wurde vor Angst schlecht"
Der Durchblutungsmangel des Bauchraumes und die negative Vorstellung, *was jetzt alles passieren kann,* führen zu Übelkeit und Bauchschmerzen. Der Betroffene würgt oder hat das Gefühl, sich übergeben zu müssen. Starker Stuhldrang bzw. Durchfall treten plötzlich auf. Auch Blähungen können die Folge sein. Diese sind mitunter derart unangenehm, daß sie das Zwerchfell aufs Herz drücken und schon dadurch zu ausgeprägter Angst kommen kann.

Schwitzen und Kälte-/ Hitzegefühle
"Mir stand der Angstschweiß auf der Stirn"

Die bereits genannte Blutumverteilung sorgt für kalte Hände und Füße. Die Schweißdrüsen arbeiten auf Hochtouren. Schweißperlen bilden sich auf der Stirn. An der Bekleidung – insbesondere unter den Armen – werden deutlich Schweißränder sichtbar. Durch den Schweiß wird der Körper gekühlt und vor Überhitzung geschützt.

Weiche Knie, Zittern, Standunsicherheit
"Mir zittern die Knie"
"Ich verliere den Boden unter mir"
"Ich falle um"
Wie bei den bio-chemischen Prozessen dargelegt, werden die Muskeln mit Energie versorgt und sind jetzt für "Angriff" und "Flucht" gerüstet. Die Muskeln sind angespannt für schnelle Bewegungen. Bleibt jedoch die Bewegung aus, wird die Energie als Zittern und/oder Zucken abgeführt und von manchen Menschen ganz stark wahrgenommen. Die Veränderungen in den Beinen können sogar so stark sein, daß die Betroffenen meinen, der Boden tue sich unter ihren Füßen auf. Andere wiederum haben das Gefühl, in ein Loch zu treten.
Bei mir traten besonders die Standunsicherheit, Schwindel, Ohrgeräusche (Pochen des Pulses im Ohr), unkontrolliertes Zucken, eine Herzneurose und Atemveränderungen auf. Nahm ich erst mal die Standunsicherheit wahr (sie trat oft auf, wenn ich Menschen gegenüberstehen mußte), geriet ich regelrecht in Panik, versuchte mich anzulehnen oder festzuhalten. Mit der Zeit vermied ich dann solche zwischenmenschliche Begegnungen, indem ich sagte: "Keine Zeit!" oder einfach weiterging. Ich brauche natürlich nicht auszuführen, wie viel Ratlosigkeit ich oft bei Bekannten oder gar Freunden hinterließ. Ich schleppte mich durch die Fußgängerzone meiner Heimatstadt und hoffte, mich möge nur ja niemand ansprechen. War eine derartige Situation unumgänglich, z.B. in meinem Beruf, wurden Minuten zu Stunden. *Unerträglich*, dachte ich.

Nach meinem Crash im Januar 1997 kamen die Symptome immer häufiger, intensiver und wechselten einander ab. Doch mit dem Wissen, was Angst ist, wie sie entsteht und was ich dagegen tun kann, faßte ich wieder Mut und bekam Hoffnung, mein Leben nach und nach wieder aufnehmen zu können. Ich erkannte, daß ich nicht verrückt war und wenig Gefahr bestand, daß ich die Kontrolle über mich verlieren und irgend etwas Schlimmes tun würde. Ich sagte zu mir selbst: "Roland, nutze den Aufenthalt in der Fachklinik, so viel Zeit wirst du für dich persönlich lange nicht mehr haben!"

Manchmal muß es erst noch schlechter werden,
ehe es besser werden kann.
Joe B.

Angst als Krankheit

Ich habe bisher die Angst als Ur- bzw. Schutzfunktion beschrieben, also als sinnvolle Einrichtung im menschlichen Gesundheitsorganismus. Wann aber wird die Angst zur Krankheit?

Angst wird meiner Erfahrung nach dann zur Krankheit, wenn der Betroffene selbst objektiv unbedrohliche Reize als gefährlich beurteilt und die Angstreaktionen dann unwillkürlich ablaufen.

Angst wird zur Krankheit, wenn ...

- die Angstreaktionen zu stark sind
- Angst zu häufig auftritt
- sie zu lange anhält
- ich die Kontrolle verliere
- ich stark darunter leide
- sich für mich und Angehörige durch die Angst viele Lebenseinschränkungen ergeben.[1]

Die Angst hat sich verselbständigt und tritt nun in normalen Situationen des Alltags auf, z.B. beim Einkaufen, beim Sport, bei Besuchen von Freunden und Bekannten. Sie kann unabhängig von Situationen und jederzeit auftreten. Der Betroffene wird immer unsicherer. Er vermeidet und vermeidet, die Angst wird immer schlimmer. Schließlich verläßt er nicht einmal mehr das

---

[1] Vgl.: *Angstfibel der Fachklinik Bad Pyrmont.* – Nähere Angaben zu den Fußnoten: siehe Literaturverzeichnis.

Haus, bricht alle sozialen Kontakte ab, will aber nicht allein sein und klammert sich an seinen Partner. Schließlich bereiten ihm selbst einfachste Verrichtungen wie z.B. das Zähneputzen Schwierigkeiten. Energielosigkeit und schwere Erschöpfungszustände treten vermehrt auf. Der Tag wird auf dem Sofa verbracht; nachts findet er keinen Schlaf. Manchmal wird er ruckartig wach, als würde er erschrecken, und klammert sich an seinem Bett fest. *Angst ist zur Krankheit geworden!*

Hinzu kommen Depressionen. Alles ist sinnlos, und die Katastrophenbilder vor seinem geistigen Auge werden immer schrecklicher.

Der Kranke befindet sich in einem Kreislauf, aus dem er mit eigener Hilfe kaum noch herausfindet.

Angst / Depression

Die Frage, wer zuerst da war oder *was* sich *woraus* entwickelt hat, ist so alt wie die Sache mit dem Huhn und dem Ei. Ohne Zweifel gibt es depressive Menschen, bei denen sich eine Angststörung entwickelt hat, und umgekehrt.

Ich meine, bei mir waren Depressionen in leichter Form *Folge* der Angst, denn an sich bin ich ein Mensch, der gerne lebt und genießt. Nur in Stadien von Rückfällen (als ich dachte: *Angst bewältigt!!!*) traten besonders starke Zustände auf, in denen ich deprimiert war. Doch dazu später mehr.

Der Angstkreislauf und die Angst vor der Angst

Die Angst wird von dem Kranken unbewußt aufrecht erhalten. Ähnlich wie das Feuer, das Sauerstoff zum Brennen benötigt, wird die Angst aufrecht erhalten durch die Angst vor der Angst. Das Angsterlebnis brennt sich ein und soll zukünftig vermieden werden. Alle Gedanken kreisen nur um das eine Thema: "Das darf ich nicht mehr erleben, das wäre schrecklich, wenn das jemand merken würde. Peinlich, wenn jemand mein Zucken bemerkt oder wenn ich umfalle und fremde Hilfe brauche." Doch genau diese Gedanken halten das "Feuer", sprich die Angst, aufrecht.

Merken Sie etwas? Der Angstkranke tut sich im Leben oft schwer damit, z.B. fremde Hilfe anzunehmen – aufzufallen: "Was denken die Leute?"

Innerhalb des Kreislaufs werden die Symptome durch sog. Katastrophengedanken verschlimmert. Doch der Spielfilm ohne Happy-End spielt sich nur in den Gedanken ab. Es gibt keinerlei Beweise, daß die Katastrophen auch eintreten werden.

Angstkreis:

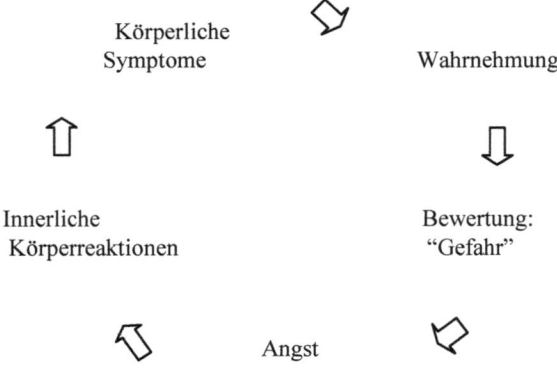

27

Der Angstkreislauf kann an jeder Stelle des Kreises in Bewegung gesetzt werden:

- durch die Wahrnehmung
- von äußeren Reizen, die fälschlicherweise als Gefahr interpretiert werden
- von körperlichen Symptomen und ihrer Fehlinterpretation
- durch Angstgedanken und
- starke Gefühlszustände.[2]

Körperliche Veränderungen (Symptome) werden bei Angstpatienten intensiv wahrgenommen. Wichtig ist, daß die entsprechenden Wahrnehmungen auch bei anderen Gefühlen wie Freude, Wut, Ärger, Streß, Trauer ausgelöst werden können und den Angstkreislauf in Gang bringen können, d.h. mit der Zeit werden alle Gefühle als Angst diagnostiziert.

Das Mißtrauen gegenüber dem eigenen Körper wird stärker, er wird sensibel beobachtet, und jedes Stechen oder Brennen, mag es noch so harmlos sein, endet in Katastrophengedanken wie "Ich könnte sterben, umfallen, einen Herzinfarkt bekommen". Oft schießen diese Gedanken blitzartig und automatisch ein.

Der Kranke fühlt sich hilflos, ausgeliefert, entmutigt, denkt, er werde die Kontrolle über sich verlieren. In dieser Beschreibung des Angstkreislaufes erkenne ich mich voll wieder.

Auch ich hatte bei mir das Gefühl, eine wandelnde, zu scharf eingestellte Alarmanlage zu sein.

---

[2] Vgl.: *Angstfibel der Fachklinik Bad Pyrmont.*

Zur Verdeutlichung ein Schaubild:

```
Erregung
- - - - - - - - -Angstschwelle- - - - - - - - - -

- Angstpatient

- normaler Mensch
0
```

Bei einem gesunden Menschen ist das Ausgangsniveau der Erregung weit niedriger als bei einem Angstkranken. D.h., im Umkehrschluß ist der Angstpatient deutlich weniger belastbar, weil er aufgrund des erhöhten Ausgangsniveaus bei Belastungssituationen viel eher die Angstschwelle erreicht bzw. überschreitet.

Durch seine erhöhte Sensibilität, insbesondere der Wahrnehmungsfähigkeit seiner Erregung, gesellen sich die bereits erwähnten Katastrophengedanken hinzu, und es kann zu einer regelrechten Panik kommen.

Einfach ausgedrückt, ist es Ziel einer Angstbehandlung, das erhöhte Anspannungsniveau auf ein Normalmaß zu senken, damit die menschliche Alarmanlage nicht gleich bei jedem kleinen Windhauch anschlägt.

Von großer Bedeutung dürfte auch die Art und Weise sein, wie der Betroffene mit negativem Streß umgeht. Falsche oder fehlende Bewältigungsmöglichkeiten leisten sehr wohl dem Grundanspannungsniveau Vorschub.

Angst hat viele Gesichter.
Roland R.

FORMEN DER ANGST

Angstkrankheiten treten in verschiedenen Formen auf und können sich auch vermischen, so z.B.:[3]

Spezifische Phobien
Dies sind unangemessene und starke Ängste, z.B. vor Spinnen, Flugangst, Höhenangst, Angst zu zittern usw.

Die Herzphobie
Hierbei richten sich die starken Ängste auf das Herz (Stiche, Angst vor Herzinfarkt). Medizinisch bedenkliche Befunde sind nicht vorhanden, geben dem Patienten aber keine Sicherheit.

Soziale Ängste
Die Ängste treten im Kontakt mit anderen Menschen auf und sind für das Zusammenleben mit anderen Menschen sehr störend, z.B. Angst, vor anderen Menschen zu reden, zu essen oder sonst im Mittelpunkt der Aufmerksamkeit zu stehen.

Die Platzangst
ist eine starke Angst vor (weiten) Plätzen, Menschenmengen, Verkehrsmitteln, Angst, in Schlangen oder Menschenmengen zusammenzubrechen.

---

[3] Vgl. hierzu: *Angstfibel der Fachklinik Bad Pyrmont.*

Die Panikstörung
Plötzlich und unerwartet treten ohne eindeutige Auslöser heftige, intensive Ängste auf mit der Furcht, zu sterben und/oder die Kontrolle zu verlieren.

Generalisierte Angst
mit lange andauernden Ängsten, Sorgen und Befürchtungen, starker körperlicher Unruhe, Schlafstörungen und der Unfähigkeit, sich zu entspannen. Alles kreist von früh bis spät um das eine Thema. Alle Situationen werden pingelig abgeklopft, inwieweit sie angstauslösend sein könnten (und sind es dann auch). Dabei entstehen starke körperliche Symptome bis zur Erschöpfung.

Zwänge
"Ich kann nicht anders, ich muß ... ", z.B. Waschzwang, Zählzwang, Kontrollzwang u.v.a.

Angstsituationen haben viele "Gesichter", können sich vermischen und sollten bei jedem Betroffenen individuell beobachtet werden. Bei mir waren insbesondere die Panik, die Platzangst und die sozialen Ängste vertreten. Nach meiner Wahrnehmung vermischten sich die Ängste, schlichen sich langsam ein und bauten aufeinander auf:

Soziale Ängste (stehen, plaudern, Veranstaltungen, in der Öffentlichkeit essen)
⇓
Panikstörung (häufig nach Überlastungen; Gefühl: "Ich schaffe es nicht")
⇓
Platzangst (Kaufhäuser, Bus, Bahn, Konzert)
⇓
Generalisierte Angst (nicht abschalten können; *ein* Thema)

Die generalisierte Angst ergreift die gesamte Persönlichkeit. Alle Gedanken kreisen nur noch um die Angst. Ich bereitete mich auf Besuche mit Schlaf vor und trank mir für eine Familienfeier Mut an. Alle Belastungssituationen, die auf mich zukamen, wurden von mir auf ihren Angstgehalt abgeklopft.

Durch genau diese Verhaltensweisen gab ich der Angst neue Nahrung und hielt sie aufrecht.

Folgen der Erkrankung und Reaktionen des sozialen Umfeldes

Folgen:

- Vermeidung (un-)"gefährlicher" Situationen
- Rückzug auf allen sozialen Gebieten
- Schauspielerei (Zusammenreißen)
- Zukunftsangst (Beruf, Familie)
- Unterlegenheitsgefühl gegenüber anderen Menschen
- grundsätzlich negative Sichtweisen
- Gefühl der Erfolglosigkeit ("Nichts klappt")
- Mangelndes Selbstwertgefühl (Ich bin nicht gut genug)
- Mangelnde Selbstachtung (Mit mir kann man nichts anfangen)
- Flucht vor der Familie (Scheinaktivitäten, z.B. Sport, Beruf)
- Diskrepanz zwischen Aktivität und Pausen
- Energielosigkeit, Antriebsschwäche
- Ändern des Eß- und Trinkverhaltens (Alkohol, fressen, hungern)
- Schlafstörungen und Albträume (Endzeitstimmung)
- Angst, verrückt zu werden ("Ich bin nicht normal")
- Angst, meine Familie zu verlieren
- Angst vor finanziellem Abstieg (Sozialamt)

- Angst, zu sterben
- Depressionen
- Beziehung ("Ich habe nichts zu bieten")

Reaktionen des sozialen Umfeldes:

Da ich die Schauspielerei perfekt beherrschte, merkten meine Familie, meine Freunde und meine Kollegen zunächst gar nichts.

Doch irgendwann brach das Gebäude aus Lügen und Zusammenreißen auseinander. Die Nervosität trat zutage, und die permanente Erschöpfung blieb nicht mehr länger verborgen.
Mein Umfeld reagierte geschockt, weil der Unterschied im Verhalten, der Gestik und Mimik (die nackte Angst stand mir ins Gesicht geschrieben) meinerseits gravierend war.
War ich als ausgeglichener, souveräner und selbstbewußter Mensch bekannt, offenbarte sich nun ein psychisch kranker Mensch.
Viele machten sich Vorwürfe, weil sie meinen Zustand nicht erkannt hatten.
Im nachhinein wunderten sich meine Arbeitskollegen nur, daß ich immer körperlich platt war.

Auch meine Ehefrau verstand zunächst nicht, was mit mir geschah. Sie verhielt sich aber prächtig, hielt zu mir und gab mir, was am wichtigsten war: Zeit!

Dieser Zusammenhalt ist gar nicht so selbstverständlich. Vielmehr sind mir Fälle bekannt, bei denen Ehen scheiterten und ganze Familien auseinanderbrachen, meist aus Unverständnis. "Stell dich nicht so an, reiß dich zusammen, mit etwas Willensstärke geht das doch" sind Redewendungen, die den Kranken noch tiefer abstürzen lassen. Die Schuldgefühle werden immer stärker.

MEIN PERSÖNLICHES ANGSTBEWÄLTIGUNGSTRAINING

Diagnose "Angsterkrankung" – was nun?

Angst ist keine Krankheit wie viele andere, bei denen man sechs Wochen in Kur fährt und als neugeborener Mensch zurückkehrt. Vielmehr kostet es Mühe und Durchhaltevermögen, mit seiner Angst klar zu kommen. Das sollte jeder wissen.

Wenig von Nutzen war mein Wille, die Angst so schnell wie möglich wieder loszuwerden.

Die Diagnose war klar: *Angsterkrankung ohne organischen Befund* – psychisch krank!

Hilfreich kam mir entgegen, daß ich mich nun nicht abgestempelt fühlte. Warum sollte ein Mensch nicht auch an der Psyche erkranken? Warum sollte ich nicht die Hilfe eines Fachmannes annehmen? Sollte ich nur wegen eines Schnupfens oder wegen eines Magengeschwüres einen Arzt aufsuchen?

Mein Entschluß stand fest. Ich wollte freiwillig eine stationäre Krankenhausbehandlung mit fachlicher Psychotherapie aufnehmen.

Viel Erfahrungswissen, von dem ich nun schreibe, stammt aus dieser Zeit. Ich bin meinen Therapeuten heute noch sehr dankbar.

Bestandsaufnahme

Am Anfang meiner Therapie versuchte ich mir folgende Sätze immer wieder klar zu machen:

- Ich kann nur gewinnen!
- Verharren heißt verschlimmern!

Mir war bewußt, daß "Verharren" bedeutete, schlimmere Ängste zu bekommen.

Stellte ich positive und negative Konsequenzen gegenüber, konnte die Antwort nur lauten: Ich will etwas für mich tun; ich kann es schaffen. Ich nehme die Mühe auf mich, ich kann dabei nur gewinnen.

Positive und negative Aspekte – eine Gegenüberstellung

"Ich tue etwas"

- Ich-Gefühl
- Selbstwertgefühl
- Selbstachtung
- wieder kleine Erfolge
- bessere Lebensqualität
- Spaß am Leben
- Berufsfähigkeit

- Familienleben
- Sport
- Lachen, Freude
- alles tun können
- soziale Kontakte
- u.v.m.

"Ich ergebe mich meiner Angst"

- größere und häufigere Ängste
- Verlust von Beziehungen
- "Ich bin ein Nichts"
- Depressionen
- sozialer, finanzieller Abstieg
- Sucht
- Isolation
- Verlust des Lebens
- Nichts geht mehr!
- Selbstwertgefühl im Keller
- äußerst unangenehme Körpergefühle
- Berufsunfähigkeit
- Sozialfall, Pflegefall
- u.v.m.

Diese Gegenüberstellung zeigt meiner Meinung nach eindrucksvoll, wie lohnend der Wille sein kann, gegen seine Ängste etwas zu tun.

Die Gegenüberstellung zeit ebenfalls sehr deutlich, daß Angst fast immer etwas mit Unsicherheit zu tun hat.

Ein Optimist erwartet, daß seine Träume,
ein Pessimist, daß seine Albträume wahr werden.
Laurence J. Peter

Die ersten Bausteine

Das intellektuelle Wissen und das Daran-Glauben in einer akuten Situation sind die wichtigen Bausteine der Angstbewältigung. Das Wissen aber nutzt wenig, wenn ich in der konkreten
(Angst-)Situation immer wieder davonlaufe oder meine Schrek-
kensbilder male. Dies kam bei mir am Anfang öfter vor. Ich
lernte jedoch, mich nicht dafür zu verurteilen, sondern eigene
Schwächen als menschlich zu akzeptieren – als Teil eines We-
ges.

Informationen über Angst immer wieder lesen

Das Besorgen und Lesen guter Literatur war mir sehr wichtig.
Ich las häufig die Informationen über Angst, wiederholte. Das
Lesen beruhigte mich. Ich konnte aus den Erfahrungen anderer
lernen. Letztlich habe ich mich dadurch zum Schreiben dieses
Buches entschlossen.

Ich glaube jetzt nicht mehr, daß ich "verrückt" sei. Ich weiß,
was mit mir passiert ist. Die Angst vor dem Verrücktwerden hat
mich sehr beschäftigt. Die Gedanken daran ließen mich nicht
mehr los, und sie kosteten eine Menge Energie.

Es war wie eine Erlösung!

Das Klügste, was ich je von mir gab, war: "Hilf mir!"
Dorrie T.

Fachliche Hilfe annehmen

Sicherlich schimpfen viele Menschen über Psychologen und Psychotherapeuten und machen Witze. Menschen, die fachliche Hilfe annehmen, werden oft als "irr" abgestempelt; hinter ihrem Rücken werden die sog. "Wischerbewegungen" vor der Stirn gemacht.

Ich denke jedoch, diejenigen, die sich für eine Therapie entscheiden, sind meist weiter als andere, die noch gar nicht gemerkt haben, daß sie Hilfe benötigen. Vielleicht steckt auch die Einstellung (und die Angst) dahinter: "*Ich* benötige so was nicht!"

Ich habe mich jedenfalls von diesem destruktiven Gerede nicht anstecken lassen. Für mich war es keine Schande, mir helfen zu lassen, sondern eine positive Wende zu mehr psychischer Gesundheit.

Ich habe mich entschlossen, meine Meinung über die der anderen zu stellen.

Ich war innerlich bereit, die Hilfe erfahrener Therapeuten anzunehmen, um aus meinem Loch zu kommen und zu analysieren, woher meine Ängste kamen.

Und ich war bereit, mein Leben zu ändern.

Die Angst akzeptieren

Mein Kampf gegen die Angst, d.h. sie so schnell wie möglich wieder loszuwerden, half mir, wie gesagt, nicht im geringsten weiter. Je mehr ich sie bekämpfte, desto öfter war sie da. Ich nährte sie geradezu. Die Angst vor der Angst war das Hauptproblem.

Ich mußte aufhören, die Angst als meinen Feind zu betrachten. Ich erklärte sie für meinen "Freund auf Zeit". Irgendwann wollte ich schon ohne Angst leben, aber im Moment duldete ich sie. Sie mußte mir was Wichtiges zu sagen haben. Ich ließ sie zu und sagte nicht mehr in meinem Inneren "Bleib, wo du bist, du darfst nicht kommen!"

Die Angst schien eine Funktion zu haben.

Die Funktion der Angst

Was wollte mir die Angst sagen? Ich bin heute überzeugt davon: Sie war ein Signal, daß ich mein Leben anders leben sollte, als ich es tat. Sie sagte "Stop" zu mir, "du bist auf dem falschen Weg. Du denkst zu negativ. Du fliehst. Du lebst in einer Traumwelt."
Die Angst gebietet "Halt, so nicht! Ändere dein Leben; denn wenn du so weitermachst, gehst du kaputt!"

Insofern hat Angst die Funktion, ihren Träger zu schützen, z.B. ihn auch "außer Gefecht" zu setzen, wenn er die vorangegangenen Warnsignale (z.B. Müdigkeit, Erschöpfung etc.) ignoriert hat.

Die Angst kann – richtig interpretiert – helfen, eine Lebenskrise zu überwinden.

40

Bei mir hatte die Angst die einfache Funktion, anzufangen, mich mehr zu mögen.

Ich war mir nicht gut genug, hatte einen hohen Selbstanspruch bei mangelnder Anerkennung. Ablehnung war das Schlimmste für mich. Ich schüttete mich selbst zu mit Aktivitäten, flüchtete vor der Familie, hatte wenig Zeit für mich und vermied viele Dinge, vor denen ich Angst hatte.

Zeitweilige Lösungsversuche waren sinnbildlich so, als würde ich einen rostigen Zaun überstreichen, ohne vorher den Rost zu entfernen. Doch nach einer gewissen Zeit kam der Rost wieder durch ...

Die Angst war das Signal dafür, daß ich Anerkennung an der falschen Stelle suchte und meine zweifellosvorhandenen Gefühle wie Wut, Ärger, Aggressionen permanent unterdrückte.

Ich ließ mich kränken, schluckte, anstatt aufzuschreien. Folglich zog ich mich kurzfristig aus der Verantwortung, versteckte mich (unwissentlich) hinter meinen Krankheitssymptomen, vermied und suchte keine Konfliktlösung.

Langfristig führte dies zur totalen Erschöpfung, mein Zustand verschlechterte sich, ich zog mich zurück und war hilflos und depressiv.

Als Lösungsmöglichkeiten boten sich mir an:

- eigene Ziele setzen und verfolgen, mich für die erreichten Ziele belohnen
- Selbstanspruch relativieren
- Besinnen auf eigene Fähigkeiten.

Die Angst war ein Zeichen, mein Leben langfristig zu verändern. Das geht allerdings nicht von heute auf morgen.

Wahrscheinlich sollte ich mich auch mit dem Tod auseinandersetzen – nicht, um zu sterben, sondern um besser zu leben.

Austausch mit Betroffenen

Mit der Diagnose "Angsterkrankung" fühlte ich mich zunächst ziemlich einsam. Ich dachte, ich sei ein Exot.

Um so überraschter war ich, als ich nach und nach erkannte, wie häufig diese Erkrankung vorkommt: 17-jährige sind genauso betroffen wie 40-jährige, Krankenschwestern genauso wie Lehrer, Polizisten oder hohe Beamte. Alle haben wohl eines gemeinsam: Sie opfern sich für andere auf, vernachlässigen sich selbst, wollen perfekt sein und akzeptieren andere nicht, die nicht genauso sind wie selber. Und – sie fallen ziemlich tief, wenn ihr Einsatz keine Früchte trägt und die Anerkennung ausbleibt (vergleiche auch mit sog. "Burn-Out-Syndrom"): "Es hat keinen Sinn, es ändert sich ja doch nichts, für wen mach ich das eigentlich, am Schluß bin ich immer der Dumme" sind die typischen Redewendungen.

Der Austausch mit Betroffenen, die Öffnung nach außen sind wirksame Hilfsmittel, die Krankheit zunächst zu akzeptieren. Ich war nicht mehr allein und hatte – selbst wenn das egoistisch klingt – "Leidensgenossen", mit denen ich reden konnte.

Wenn sich jedoch die Betroffenen nur gegenseitig in ihrem Jammern unterstützen, besteht leicht die Gefahr, sich hinter der Krankheit und ihren Symptomen zu verstecken und im Grunde nichts zu verändern.

Ich machte die Erfahrung, anfangs viele Leute zu treffen, die mutlos waren und sich gegenseitig runterzogen. Ich war sehr empfänglich für Aussagen wie "Du bist aber blaß, du bist aber nervös heute!" usw. Es mag überheblich und verständnislos wirken, aber ich klinkte mich bei solchen Leuten mit der Zeit aus. Statt dessen suchte und fand ich Mitpatienten, die nach vorne blickten, die mir Mut machten und die ebenso wie ich bereit waren, ihr Leben nachhaltig zu ändern, und die in der Lage waren, die Funktionalität der Angst zu sehen und anzuerkennen. Mir ging es dann etwas besser, und ich faßte neuen Mut. "Plötzlich" traf ich Personen, die nicht mehr sagten: "Du bist aber blaß", sondern: "Du hast dich toll entwickelt in den letzten Wochen." Je positiver ich selbst redete, desto mehr bekam ich von anderen zurück.

Die Mutlosen bekam ich von nun an weniger zu Gesicht. Das hat nichts damit zu tun, daß ich mich nun geweigert hätte, den Mutlosen weiterhin Mut zu spenden. Nur hatte ich für mich einen anderen Weg im Blick.

Ich kann jedem Betroffenen nur raten, in eine Gruppentherapie zu gehen und sich dort zu öffnen. Die Gruppe lebt von jedem einzelnen Beitrag, einer kann vom anderen lernen. Die Gruppe ist lebendig durch das gemeinsame Ziel der Gruppenmitglieder. Manchmal bekommt man gerade dort einen Anstoß, der wichtig ist für das weitere Leben.

Wenn sie dir eines Tages die Masken vom Gesicht herunterreißen,
wird sich Fleisch mit ablösen.

Unbekannt

Das Versteckspielen aufgeben

An anderer Stelle habe ich geschrieben, ich sei ein guter Schauspieler gewesen. Ich konnte nicht jammern, keine Gefühle mitteilen. Ich sagte immer "Mir geht's gut", obwohl mir oft zum Heulen war.

Ich betrog mich selbst und meine Umwelt. Ich vermittelte ihnen von mir ein falsches Bild. Ich gaukelte ihnen Souveränität und Ausgeglichenheit vor. Prompt wurde ich ein gefragter Berater in allen Lebenslagen, konnte damit aber nicht umgehen. Mir wurde alles zuviel. Doch "Nein" sagen: Fehlanzeige!

Wenn ich mein Leben ändern wollte, mußte ich meinen Selbstbetrug aufgeben und ehrlicher zu mir selbst werden. Das hört sich einfacher an, als es ist, wurde doch mein Unterbewußtsein ständig mit negativen Informationen gefüttert.

Doch ich kann nur immer wieder sagen: Es lohnt sich! Am Anfang trat ich allerdings auf der Stelle. Es kam mir ungewohnt vor, jetzt netter zu mir zu sein, die eigenen Fehler zu sehen und den ständigen Blick durch die rosarote Brille aufzugeben.

Der Verzicht auf den Selbstbetrug und das Wissen, daß ich meine Einstellungen zum Leben nur über die Gedanken ändern kann, brachten mich voran.

Vermeidungen aufgeben

Sicherlich könnte ich mir sagen, es sei unwichtig, mit dem Flugzeug zu fliegen. Ich könnte ebenso gut nach Kärnten in Urlaub fahren. Ich muß mich auch nicht unbedingt über die Brüstung des Straßburger Münsters lehnen oder gar eine Schlange angreifen. Doch darum geht es gar nicht.

Vermeidung ist viel grundlegender und geht tiefer.

Alle Menschen lernen nämlich, wie sie sich gefahrenauslösenden Situationen entziehen können. Das Vermeiden von Ängsten ist kurzfristig positiv. Doch langfristig steigt die Erwartungsangst, weil der Betroffene einerseits nicht die Erfahrung machen kann, daß diese Ängste ausgehalten werden können, und andererseits nicht ständig seine Lebenssituation so steuern kann, daß diese "gefährlichen" Situationen zu umgehen sind. Das Leben wird eingeengter, zunehmend problematisch, und die Anzahl der Vermeidungen nimmt zu. Das Selbstvertrauen sinkt; Depressionen können auftreten. Abhängigkeiten von anderen Menschen entstehen, "Sicherheitskrücken" werden gebaut, Medikamente oder andere Suchtmittel werden eingesetzt, um halbwegs normal leben zu können.

Die Beziehungen zu anderen Menschen werden immer mehr durch Erwartungsängste und Vermeidungen geprägt. Soziale Ängste kommen hinzu und verschlimmern das Gesamtproblem.

Vermeidungen schlichen sich auch in mein Leben ein. Angst, auf einen Turm zu gehen (ich könnte runterfallen), Angst vorm Fliegen (das Flugzeug könnte abstürzen), Angst vorm Kaufhaus (ich könnte umfallen), Angst vor dem Tod, Angst vor Menschen.

Das Aufgeben der Vermeidungshaltung ist schwierig und erfordert langes und zähes Üben. Anfangs und in schwierigen Situationen würde ich niemandem raten, die Angstkonfrontation zu übertreiben. Vertrauen Sie Ihrem Therapeuten! Machen Sie sich aber klar, daß nur der Verzicht auf die Vermeidungshaltung langfristig zum Angstabbau beiträgt. Nur Mut!

Führen eines Angsttagebuches

Ich kaufte mir ein dickes Vokabelheft und führte Buch. Ich notierte meinen Tagesablauf, meine Gedanken und Gefühle, wann und bei welcher Gelegenheit Angst auftrat und wie ich damit umging.

Beispiel

Uhrzeit	Angstsituation	Angststärke	Eigene Reaktion
10.15	Schlange in der Metzgerei	4-5 Zittern der Beine aufgeregt leichter Schwindel	aushalten "Bleib ruhig" später besser Belohnung: ein Kaffee

Die Rubriken sind veränderbar. Hauptsache, jeder kann für sich damit arbeiten. Die Stärke der Angst kann ebenfalls individuell definiert werden.

Zwei Vorschläge:

ANGST

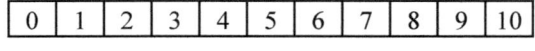

0	1	2	3	4	5	6	7	8	9	10

keine   mittlere   starke

ANGST

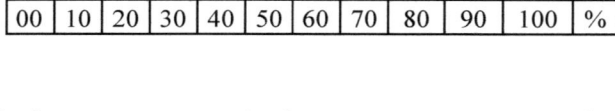

00	10	20	30	40	50	60	70	80	90	100	%

keine   mittlere   starke

Ich lernte so, schwarz auf weiß zu sehen, wie sehr es möglich war, meine Ängste auszuhalten, bis sie verschwunden waren. Ich bot meinen Ängsten die Stirn.

Das klappte nicht immer. Manchmal war ich zu streng mit mir.

Durchführen von Angstübungen
(Grundsatz der Schriftlichkeit)

Das Durchführen von Angstübungen bedeutet konkret, sich ganz bewußt in die Angst auslösenden Situationen zu begeben. Die Übungen sollten regelmäßig durchgeführt werden. Nicht üben bedeutet Rückschritt.

Vorbereitung der Angstübungen

a) *Erstellen eines Übungsplanes*[4]
- Übungsphase von 14 Tagen
- Auswahl der Übungen
- Besprechen mit Therapeuten, welche Übungen alleine und welche am Anfang nur mit Begleitung durchgeführt werden (Sinn: Wenn der Übende sich anfangs ohne Begleitung seines Therapeuten zu schwere Übungen zumutet, besteht die Gefahr, daß er die Übung zu schnell abbricht und dadurch noch größere Ängste auftreten)
- Beginn mit mittelschweren Übungen, dann rasch übergehen zu schwereren Übungen
- Wiederholungen

b) *Ziele vergegenwärtigen*
- vor der Übungsphase Ziele stecken
- die notwendigen Entscheidungen ganz bewußt treffen

c) *Zeitpunkt der Übungen genau festlegen*

d) *Vor und nach der Übung*
- auf die Übung einstellen und damit beschäftigen
- nach der Übung Zeit haben, ausruhen, an Belohnung denken

e) *Vermeidungen*
- Vermeidungen in Überlegungen mit einschließen
- Nichts vermeiden außer Vermeidungen

---

[4] Vgl.: *Angstfibel der Fachklinik Bad Pyrmont.*

f) *Protokoll führen*
- Übungen protokollieren in Angsttagebuch oder speziell angelegtem Übungsbuch
- das Protokoll kann helfen bei der anschließenden Bewertung der Übungen
- eine realistische Einschätzung über den Erfolg des Trainings wird gewonnen

g) *Erfolgsbewertung*
- nach eigenem Empfinden
- Besprechung der Angstübung in der Gruppe

Die Regeln der Angstkonfrontation

- Ich wähle aus meinem Angsttagebuch *eine* Situation aus. Ich überlege genau, was dabei bei mir Angst auslöst.
- Ich plane für die Übungen genügend Zeit ein, damit ich nicht vor Beendigung abbrechen muß.
- Ich lasse bei mir, wenn ich während der Übung Angst empfinde, die Angstreaktion genau so ablaufen, wie ich sie kenne, ohne zu vermeiden.
- Ich bleibe, ohne etwas zu verändern, so lange in der Situation, bis ich ein deutliches Abnehmen der Angst feststelle (mehrere Nummern auf dem Angstthermometer)
- Ich konzentriere mich auf nichts anderes als auf die Angst: ich bewerte die Stärke der Angst. Ich lenke nicht ab, und ich vermeide nicht.
- Ich konzentriere mich auf die Situation und auf meine Körperreaktionen. Ich beurteile fortlaufend, was in mir vorgeht.
- Ich gehe zu einer weiteren Übung über, wenn die Angst deutlich vermindert ist.
- Ich gönne mir am Ende der gesamten Konfrontation Ruhe und vor allem eine Belohnung.[5]

---

[5] Vgl.: *Angstfibel der Fachklinik Bad Pyrmont.*

51

Eine Angstübung in der Praxis

Situation:
Ich begebe mich mit meiner Therapeutin auf eine Eisenbahnbrücke, die über einen Fluß führt. Neben einem schmalen Fußgängerweg verlaufen die Eisenbahnschienen. Wenn ein Zug vorbeifährt, schaukelt die ganze Brücke; der Zug fährt ca. 2-3 Meter an mir vorbei.

Ich habe Angst vor der Höhe, insbesondere ich könnte runterfallen, runterspringen, die Brücke könnte zusammenkrachen usw. Ich kann mich gedanklich auf die Situation einstellen. Die Erwartungsangst nimmt zu; sie wird von meiner Therapeutin noch geschürt.

Durchführung:
Nach dem Mittagessen ist es soweit. Wir fahren mit dem Auto an die Brücke. Die Angst liegt bei 3. Als wir über dem Wasser angelangt sind, nimmt die Angst ab. Am Ufer des Flusses ist die höchste Stelle, gemauert mit Basaltsteinen. Nach einer letzten Besprechung läßt mich meine Therapeutin alleine. Ich denke: *Wenn ich da runterfalle, bin ich tot.*

Die Angst erhöht sich stetig bis auf etwa 8. Meine Beine schlakkern regelrecht, ich verkrampfe mich und halte mich am Geländer fest. Ich mache einen breiten Buckel. Mir bleibt fast der Atem weg. Ich muß ständig auspusten.

Ich bleibe in der Situation. Ich lehne meinen Körper über das Geländer. Langsam wird die Angst 2-3 Skalenwerte schwächer. Ich gehe noch etwas weiter. Ich lasse das Geländer los und lehne mich ganz weit raus, so daß ich fast unter die Brücke sehen kann. Die Angst wächst wieder. Ich bleibe in der Situation. Nach einiger Zeit werde ich fast schlagartig ruhig. Die Angst ist wie verflogen. Ich habe es geschafft.

Nachbesprechung:
Die Nachbesprechung der Übung ist wichtig. Ich lerne mich richtig einzuschätzen. Eine mißlungene Übung kann frustrieren. Hier ist die richtige Einordnung von großer Bedeutung. Nicht Frust ist gefragt, sondern der positive Gedanke "Ich habe mir Mühe gegeben, beim nächsten Mal mache ich es besser."

Belohnung:
Ich gönne mir ein großes Eis!

Ein weiteres Beispiel

Ich steige auf einen 27 m hohen Turm. Ich sehe durch bis auf den Boden. Ich steige die Treppen hoch und bemerke das starke Zittern der Beine. Weiter! Im Bauch nehme ich ein Ziehen wie bei einer Karussellfahrt wahr. Zu allem Unglück weht stärkerer Wind; der Turm schwankt. Als ich oben bin, überfällt mich eine leichte Panik: Stufe 9. Mit der Zeit beruhige ich mich, die Symptome verschwinden. Ich bin unbeschreiblich glücklich. Ich kann die Aussicht genießen. Ich schreie meine Freude hinaus. Ich vergesse ganz, wo ich bin.

Eine typische Situation: der Angstkranke sieht nur noch die Gefahr, die eine Situation auslöst. Der Krimi läuft ab. Die angenehmen Seiten, in diesem Fall die schöne Aussicht, werden nicht wahrgenommen.

Auf dem Nachhauseweg habe ich Bäume umarmt. Ich hatte es nicht nur geschafft, mich in diese Situation zu begeben, sondern auch, sie zu genießen, ihr andere Seiten abzugewinnen.

Panikregeln

Nicht nur im täglichen Leben, sondern auch speziell bei den Angstübungen ist die Beherrschung der Panikregeln anzuraten. Ich habe mir die Panikregeln nach meinem Verständnis appellartig umgeschrieben. Ich nenne mich dabei bei meinem Vornamen, führe ein Gespräch mit mir selbst:

"Roland, denk dran ... "

- Jedes Auftreten von Angst ist eine gute Gelegenheit, Fortschritte zu machen. Wehre sie nicht ab, nimm sie an!
- Atme ruhig und langsam, aber nicht zu tief (Bauchatmung).
- In der Panik laufen ausschließlich normale, aber übertriebene Körperreaktionen ab.
- Die Gefühle der Panik sind nicht schädlich oder gefährlich, nur unangenehm.
- Ich achte darauf, was hier und jetzt geschieht, nicht aber auf das, was geschehen *könnte*.
- Keine Angst erzeugenden Gedanken, die verschlimmern nur. Bleib im Hier und Jetzt!
- Warte ab und laß der Panik Zeit, von selbst zu verschwinden. Ich bekämpfe sie nicht und bleibe in der Situation.
- Ich konzentriere mich darauf, was ich sehe, rieche, höre, schmecke und taste.
- Ich bemühe mich, langsam weiterzumachen und besonnen zu bleiben. Es ist nicht nötig, mich zu beeilen.[6]

Werden die Panikregeln beachtet, was mir nicht immer gleich gut gelingt, so sinkt die Angst oft auf Null.

---

[6] Vgl.: *Angstfibel der Fachklinik Bad Pyrmont.*

Das therapeutische Ziel, zu erleben, daß sich die Angst erschöpft, wenn ich nur lange genug in der Situation verbleibe, wurde mir dadurch damals am besten vermittelt. Das Erleben bildete auch Glaube: ich *glaubte* nun an die Verhaltenstherapie.

Angstübungen zu Hause

Wenn ich mit meinem Übungsprogramm zu Hause nachließ oder gar aufhörte, wuchsen die Ängste wieder. Ich bin fest davon überzeugt, sie bleiben so lange, bis sie sicher sind, daß ihr Besitzer keine Angst mehr vor seinen Ängsten hat. Ich machte es mir zur ständigen Aufgabe, Tag für Tag zu üben. Wer längere Zeit nicht übt, fängt möglicherweise wieder von vorne an.

Mit viel Geduld erlebte ich, wie alltägliche Dinge des Lebens wieder lebenswert wurden: ein Kinobesuch, ein Schaufensterbummel, ein Kaffee im Stehcafe, ein Konzert. Erfolge machen mutiger. Ich wurde wieder selbstbewußter.

Das innere "Zwickmännchen" wird mich wohl noch eine Zeit lang bearbeiten. Es wird mir einreden wollen, ich könne es nie und nimmer schaffen. Es wird mir meine Angst in Erinnerung bringen wollen. Doch ich gebe nicht auf. Ich kann meinen "inneren Bürgerkrieg" gewinnen.

Das "Zwickmännchen" ist nichts anderes als die alten Gewohnheiten, die nicht weichen wollen!

Obwohl ich heute wieder ein fast normales Leben führen kann, habe ich mit dem Üben nicht aufgehört. Ich übe täglich in Kaufhäusern und sozialen, zwischenmenschlichen Situationen. Glauben Sie mir, wenn ich weiß, wofür ich übe, kann das sogar Spaß machen.

Nach dem Üben gönne ich mir dann aber wirklich eine Pause, ruhe mich aus und belohne mich.

Das Rennen gewinnen nicht immer die Schnellen,
sondern jene, die über Ausdauer verfügen.

Anonym

Schritt für Schritt die Angst verlieren

Die Behandlung einer Angsterkrankung benötigt Zeit und Geduld. Ich war anfangs bestrebt, die Symptome der Angst so schnell wie möglich wieder loszuwerden im Sinne von "Gefahr erkannt – Gefahr gebannt". Ich wurde leicht ungeduldig und war frustriert, wenn nach längerer beschwerdefreier Zeit plötzlich aus heiterem Himmel eine Panik auftauchte. Die Angst – und mit ihr die Symptome – verschwindet erst zum Schluß.

Ich lernte, Redewendungen wie "Wenn mir erst besser ist, dann...." zu vermeiden. Ich wollte damit den zweiten Schritt vor dem ersten tun. Notwendig ist vielmehr, seine Einstellungen zu ändern, die Ursachen der Erkrankung herauszufinden und abzustellen und Geduld zu haben. Dann verschwindet die Angst, nach und nach.

Die Heilung verläuft – in einem Schaubild betrachtet – nicht als senkrechter Strich nach oben oder als 45-Grad-Linie, sondern eher als Wellenlinie. Wenn die Tendenz auch nach oben verläuft, so wird es häufig zu kleineren Abwärtsbewegungen kommen. Mein persönliches Befinden, die Tagesform und neue Belastungen verzögern den Heilungsverlauf.

Meiner Erfahrung nach ist für die Heilung fast von größerer Bedeutung, wie ich mit meinen Krisen umgehe, als der Umgang mit meinen Fortschritten. Mein Umgang mit Krisen ist zum Teil noch verbesserungsbedürftig, da ich mir regelmäßig zu guten Zeiten vornehme, die "Heilkrisen" in Kauf zu nehmen. Wenn es dann aber wieder so weit ist, bekomme ich doch oft das "Zimperlein". Doch – macht nichts! Weiter! Ich arbeite dann oft mit Vorstellungsbildern, z.B.:

- Ich stelle mir vor, wie ich in einem Flugzeug sitze, das bei Regen startet. Nach etlichen Minuten bricht das Flugzeug durch die Wolkendecke, und die Sonne scheint – ein nachhaltiges Erlebnis.
- Ich benutze zur Zubereitung eines feinen Essens eine Bratpfanne. Wenn der Kochvorgang beendet ist und ich zur Reinigung komme, ist das Reinigungswasser zunächst sehr schmutzig und wird immer klarer, je mehr ich mich mit der Reinigung befasse.[7]

Solche Vorstellungsbilder helfen in übertragenem Sinne weiter, weil sie aussagen, daß jedermann, der an sich arbeitet, irgendwann die Früchte seiner Arbeit ernten kann.

Nur Mut!

Mit seiner Energie haushalten

Ich bin Sportler mit Leib und Seele: Tennis, Tischtennis, Fußball, Joggen. Ich war der Meinung, ohne Sport nicht auskommen zu können. Ich legte Wert auf Sieg und Erfolg. Ich merkte gar nicht, daß die Erholung dabei zu kurz kam.

Insgesamt neige ich zu der Einstellung, der Eiffelturm müßte an einem Tag gestrichen werden. Folglich überlaste ich mich oft selbst und mache zu wenig Ruhepausen.

---

[7] Vgl.: Louise L. Hay: *Heile deinen Körper.*

Ich war ratlos und deprimiert, als ich auf dem Höhepunkt meiner Krankheit nicht einmal mehr einen 100-Meter-Lauf absolvieren konnte. Meine Energie war verbraucht, nichts ging mehr. Ich bekam Panik sogar bei meinem geliebten Sport, Panik unter der Dusche, beim gemütlichen Zusammensein – überall.

Zur Thematik *Mit der Energie haushalten* können wir uns von vielen anderen Kulturen eine Scheibe abschneiden. Während der "moderne" Mitteleuropäer sich von der täglichen Hektik mitreißen läßt, geht bei ihnen doch vieles gemächlicher. Ein hastiges Bücken in 6000 m Höhe bei dünner Luft wäre eher schädlich. Der sonnenverwöhnte Südländer schützt im Sommer seine Haut mit Kopfbedeckung und Leinen, der Europäer legt sich genüßlich in die Sonne und bräunt sich, weil braune Haut "chic" und der Inbegriff von Gesundheit ist. Dagegen ist beim Südländer die tägliche Siesta Gewohnheit, ja fast eine Pflicht.

Ich machte drei Monate so gut wie keinen Sport und fing dann peu à peu mit leichten Übungen an. Ferner bemühte ich mich, den Sport mit anderen Augen zu sehen, nicht nur erfolgsorientiert. Der Erfolg ist kein Ziel, sondern ein positiver Nebeneffekt.

Die Notwendigkeit, mit seiner Energie hauszuhalten, betrifft nicht nur den Sport. Alle Lebensbereiche sind gemeint. Kleine Pausen beim Autofahren oder im Büro bewirken oft "Wunder". Manchmal geht mir nach einer Pause alles leichter und besser von der Hand – der vermeintliche Arbeitsrückstand wird mehr als ausgeglichen.

Eine Weisheit, der zu entsprechen mir gelegentlich schwerfällt.

Weitere Möglichkeiten zur Verbesserung des Energiehaushaltes

Selbst wenn Sie zu den im folgenden beschriebenen Phänomenen keine positive Einstellung haben, möchte ich sie Ihnen nicht vorenthalten, da mir die Bereitschaft, etwas mir wenig Vertrautes zumindest einmal auszuprobieren, geholfen hat.

Auf meinem Tiefpunkt angelangt, gab mir ein befreundeter Heilpraktiker den Tip, ich solle einmal mein Haus auf Wasseradern und Felsverwerfungen untersuchen lassen. Selbst etwas skeptisch, beauftragte ich einen Rutengänger, der feststellte, daß unser Haus stark verstrahlt war. Die Meßwerte waren enorm und stark gesundheitsschädlich. Mehrere Kreuzungen verliefen genau in Kopfhöhe auf meiner Seite des Doppelbettes. Mit Hilfe eines Blockes wurde die Strahlung abgeleitet.

Die Verbesserung des Energiehaushaltes und -flusses vollzieht sich allmählich, aber spürbar. Mit dem Rutengänger verbindet mich heute noch eine angenehme Freundschaft. Insbesondere Personen, die in Neubaugebieten wohnen, die vorher Wald oder Feld waren, sollten ihr Haus durch einen Rutengänger untersuchen lassen.

Zudem lasse ich mich ca. alle zwei Wochen akupunktieren, um den Energiefluß zu verbessern. Die Traditionelle Chinesische Medizin (TCM) legt bei der Behandlung größten Wert auf den Aufbau und den Fluß der Lebensenergie, des *Chi*. Auch das hat mir geholfen.

Sicherlich ist der Energieaufbau ein Zusammenwirken vieler Faktoren: die psychische Gesundung mit Hilfe eines Therapeuten, das eigene Mitwirken, Erfolge bei den Angstübungen, homöopathische Behandlung durch den Arzt oder Heilpraktiker, unterstützende Medikamente, Kräutertees und vieles mehr.

Ich achte jetzt mehr auf meine Körperenergien. Ich mache mehr Pausen, entspanne mich, versinke in Musik, habe sogar Spaß an Gartenarbeit und langen Spaziergängen. Auch ein Gespräch kann energetisch sehr wertvoll sein.

Früher hielt ich mich oft mit kleinen Dingen auf, die mich störten, aber nicht änderbar waren. Gerade diese kleinen Dinge sind in ihrer Summe richtige Energieräuber. Inzwischen entwickele ich ein zunehmend besseres Gefühl für meine Energie – denn Energie ist Lebenskraft!

Die Wahrheit wird dich frei machen –
aber zuerst macht sie dich unglücklich.
Garfield

Die Realität sehen

Gesundheit definierte ich früher als perfektes Befinden: nichts
darf zwicken, immer gut drauf sein. Augenscheinlich ist diese
Definition unrealistisch und führt zu einer Überwahrnehmung
körperlicher Symptome. Stimmt der Anspruch nicht mit der
Wirklichkeit überein, ergibt sich zwangsläufig Unzufriedenheit.
Der (zu) hohe Anspruch kann nicht verwirklicht werden.

Jeder Mensch hat Befindensstörungen, seien es Kopfschmerzen,
Magenschmerzen oder einfach nur Unwohlsein. Der Angstpatient ordnet diese "normalen" Befindensstörungen meist als er-
neute große (unrealistische) Gefahr ein.

Mein Ziel war, mich nicht mehr von Stimmungen zu sehr beeinflussen zu lassen. Ich lernte, daß kein Mensch dauerhaft gut
gelaunt sein kann. Es gibt im Leben schöne und weniger schöne
Momente. Lachen und Freude gehören ebenso dazu wie Wut,
Ärger oder Trauer. Das Festhaltenwollen der ausschließlich
schönen Momente bringt langfristig Verdruß.

Ich möchte sehr wohl die Glücksmomente genießen, ohne zu
klammern. Sie kommen wieder, wenn ich nur bereit bin, loszu-
lassen. Ich denke, eine gesunde Einstellung besteht darin, sich
nicht von seinen Empfindungen abhängig zu machen oder gar
"erpressen" zu lassen. Wenn ich mich nicht wohlfühle, geht das
Leben trotzdem weiter.

Langfristig wäre es schön, wenn ich mir angenehme Empfindungen und mein Wohlbefinden selbst schaffen könnte – durch meine Gedanken und meine Einstellungen zum Leben.

Doch selbst bei überwiegend positiver Denkweise ist das Leben ein Auf und Ab.

Der Mensch – als biologischer Bestandteil der Erde – ist einem natürlichen Bio-Rhythmus unterworfen. Das Leben ist wie eine Wanderung: nach einem Tal (Tief) kommt unweigerlich ein Berg (Hoch).

Also – *the show must go on!*

Realistische Ziele setzen

Ziele im Leben sind sehr wichtig. Ich steckte mir früher oft zu hohe Ziele und gab dann auf dem halben Weg auf mit dem Bewußtsein, nichts erreicht zu haben. Danach definierte ich mein Ziel keineswegs anders, nein – ich setzte mir erneut ein hohes Ziel und fiel dann laufend "auf die Schnauze". Ich haderte mit meinem "Schicksal". Ich wollte perfekt sein und lobte mich noch dafür. Perfekte Menschen sind fast nie zufriedenzustellen. Die Unzufriedenheit stand mir praktisch ins Gesicht geschrieben; ich ging zum Lachen in den Keller.

Heute ist mir bewußt, daß ich den hohen Selbstanspruch auf andere, insbesondere Arbeitskollegen, übertragen habe. Konflikte waren vorprogrammiert, mein Verhalten produzierte Widerstand.

Ich selbst hob mich unmerklich auf einen Sockel, den andere nicht erklimmen konnten. Ich entfernte mich zunehmend von der Normalität. Klar – insgeheim bewunderten mich viele, aber sie mieden mich, weil sie sich nicht mit mir messen konnten. Ich spürte zunehmende Distanz, die ich gar nicht wollte, weil sie weh tat. Dennoch war ich auf Anerkennung aus. Viele Dinge tat ich nicht, weil sie getan werden mußten, sondern um "Streicheleinheiten" zu bekommen. Diese waren logischerweise selten bzw. blieben aus; ich bemühte mich noch mehr – der Teufelskreis hatte sich geschlossen.

So wollte ich nicht mehr sein. Ich setzte mir kleinere Ziele, die erreichbar waren. Teilziele waren hilfreich. Ich bemühte mich, nicht mehr auf den vor mir liegenden Weg zu schauen, sondern mir bewußt zu machen, wie viel Weg ich bereits zurückgelegt hatte. Ich lobte mich dafür, machte Pausen, sobald ich ein Ziel erreicht hatte. Ich sah die Welt mit einer anderen Zielrichtung, überlegte, was eigentlich wichtig im Leben ist.

Ich gestand mir Fehler zu, lächelte. Ich redete auch nicht um den heißen Brei, wenn ich auf Fehler angesprochen wurde. Ich stellte zu meiner Verwunderung fest, wie sehr ich andere Menschen verblüffen kann, wenn ich Fehler gerade heraus zugebe. Vielleicht liegt das daran, daß in der heutigen Gesellschaft kaum noch jemand Fehler zugibt, weil sie Schwäche offenbaren und damit angreifbar machen. Wie oft wird dann – besonders im Berufsleben – die eigene Schwäche mit einem Übermaß an Autoritätsgebahren verdeckt!

Es lohnt sich, andere um Hilfe zu bitten. Es erleichtert die Arbeit an sich selbst und ich gebe Stück für Stück den "Übermenschen" auf.

Vielleicht nahm ich mich auch zu wichtig. Realistisch betrachtet ist jeder Mensch zu entbehren. Eine heilsame Erfahrung.

Verzicht auf Medikamente und Alkohol

Meine These:
Viele Alkoholkranke sind in Wahrheit Angstkranke, bei denen eine entsprechende Diagnose nie gestellt wurde. Umgekehrt fallen viele Angstkranke in die Alkohol- und/oder Medikamentenabhängigkeit.

Meiner Erfahrung nach ist die Einnahme von Medikamenten in Akutphasen unentbehrlich. Ziel sollte es jedoch stets sein, noch während einer Therapie das Medikament nach und nach abzusetzen.

Ich bekam zu Behandlungsbeginn ein starkes Beruhigungsmittel, das mich wenigstens nachts schlafen ließ. So war ich morgens nicht mehr so erschöpft. Innerhalb von drei Monaten reduzierte ich (nach ärztlicher Anweisung) das Medikament auf ¾, ½, ¼ der Dosis bis zum völligen Absetzen. Meine anfängliche Angst vor etwaigen Entzugserscheinungen stellte sich als unbegründet heraus. Eine medikamentöse Dauerbehandlung ist meines Erachtens unsinnig und auch fahrlässig.

Umstritten ist sie allemal. Pro meint, ohne gehe nichts, und Contra sagt, eine Behandlung fruchte nur bei langfristigem Verzicht auf Medikamente. Vermutlich liegt die Wahrheit wie so oft in der Mitte. Ich kann mich des Eindruckes nicht erwehren, daß die Pharmaindustrie – die in diesem Bereich Milliardenumsätze macht – unredlich Meinungsmache betreibt. Meiner Meinung nach lösen Medikamente keine Probleme, sondern verschieben sie nur.

Alternativ kann auf eine große Anzahl von Naturheilmitteln zurückgegriffen werden, z.B. Johanniskraut, Baldrian, Hopfen, Melisse, Ginseng, Weißdorn u.a.m. Homöopathische Mittel und biochemische Mittel nach Dr. Schüssler (z.B. Nr. 5: *Kalium Phosphoricum*) erzielen beachtliche Erfolge.

Ich möchte keinerlei Empfehlungen geben, nur schrillen bei mir immer dann die Alarmglocken, wenn mir jemand weismachen will, nur die medikamentöse Behandlung (Tranquillizer und Anti-Depressiva) führe zum Erfolg.

Alkohol ist seit Jahrtausenden Kulturgut und kann – in Maßen genossen – das Wohlbefinden steigern. Die Betonung liegt auf "in *Maßen*"! Doch wenn ich ehrlich bin, ist die Verlockung groß, denn Alkohol, bei mir insbesondere Bier, entspannt und ist ein guter Angstlöser. Doch genau hier lauert die Gefahr: Mit der Zeit ertappte ich mich dabei, daß ich die ein oder andere Flasche Bier "taktisch" einsetzte. Es waren beileibe keine große Mengen, nur die Art und Weise, wann und zu welchem Zweck ich trank, war bedenklich.

Auf manchen Festen trank ich schnell 2 Bier, weil ich dann ruhiger war. Der Grund war, daß ich Angst hatte, während des Festes eine Angstattacke zu erleiden und die Gäste bekämen alles mit.

Ich kann nur jedem empfehlen, während einer Therapie weitgehend auf Alkohol zu verzichten. Das macht mutiger und gibt Selbstbewußtsein. Die positiven Behandlungsergebnisse sind unverfälscht.

Ich möchte auf meine Bierchen nicht verzichten, doch ich trinke sie nur, wenn es mir ohnehin gutgeht. Zudem lege ich Alkoholpausen und trinkfreie Tage ein.

Ich bin, so wie ich bin, gut genug.
Roland R.

Das Arbeiten an meinem Ich-Bild

Neben der Einübung der Panik-Regeln und der gemeinsamen Ursachenforschung meiner Angst gaben mir meine Therapeuten als wichtigsten Rat mit auf den Weg, ich solle an meinem Ich-Bild arbeiten. Vor allem die Stärkung des *Ich* wurde mein großes Ziel.

In der Tat war ich mit mir nicht sonderlich zufrieden. Ich meinte viele Leute zu entdecken, die besser und erfolgreicher waren als ich, besser aussahen, eine bessere Figur hatten und bei anderen Menschen besser ankamen ... Meinem Spiegelbild im Bad sagte ich schon früh morgens "Mein Gott, siehst du heute wieder beschissen aus!"

Wenn ich mich schon früh am Morgen selbst herabwürdige und das Tag für Tag wiederhole, wird der Körper nicht anders können, als sich total beschissen zu fühlen.

Ich ging sehr hart mit mir ins Gericht und akzeptierte meine Fehler nicht. Ich war nicht gut genug. Dabei war ich sehr sensibel, konnte nichts einstecken und war dadurch oft hilflos, weil leicht verletzbar.

Nachdem mir die Zusammenhänge zwischen Denken und Fühlen intellektuell klar waren, begann ich ein systematisches "Sich-selbst-mehr-mögen"-Training. Nett zu sich selbst sein und *sich* die Aufmerksamkeit entgegenbringen, die man verdient, geht nicht von heute auf morgen. Seltsam – sich zu beschimpfen ist viel einfacher.

Es ist wie im Sport: einmal das Training aufgenommen, stellen sich die ersten Erfolge ein. So war es jedenfalls mit meinem Training. Mir machte es mehr und mehr Spaß, morgens meinem Spiegelbild ein lautes "Guten Morgen!" zu wünschen und mich beim Vornamen anzusprechen. Klar – anfangs kam ich mir komisch vor. Das ist normal. Doch ist das Rad erst mal in Schwung gekommen, geht es immer besser und vor allen Dingen leichter.

Ich fing an, meine Fehler zu akzeptieren, und "bekämpfte" meinen Perfektionismus. Ich regte mich nicht mehr so tierisch auf, wenn jemand ein paar Minuten zu spät kam oder an einem dienstlichen Vorgang ein Zettel meines Chefs mit kleinlichem Einwand hing.

Der Verzicht auf Perfektionismus macht menschlicher. Damit ist nicht gemeint, daß ich nun plötzlich unordentlich, unzuverlässig oder unpünktlich geworden wäre. Nein – ich wurde einfach nur *gelassener.*

Ich begann mein Selbstgespräch positiv zu verändern, fing an, überhaupt einmal darauf zu achten, *was* ich sagte und dachte.

Die Veränderung des Selbstgespräches

Bereits die frühen Philosophen wussten, daß es einen Zusammenhang zwischen Gedanken, Gefühlen und Verhalten gibt:

"Der Mensch ist, was er denkt!"
"Es sind nicht die Dinge des Lebens, die uns das Leben schwer machen, sondern unsere Ansichten von den Dingen!"

Einfache Worte, aber treffend.

Ich machte mir Gedanken darüber, warum manche Menschen Gartenarbeit mögen, während andere einen großen Bogen darum machen. An der Gartenarbeit selbst kann es wohl nicht liegen … Wir schimpfen über Regenwetter und ignorieren, daß manche Wüstenscheichs beim Anblick von Regen mit der Zunge schnalzen. Es sind nur die unterschiedlichen *Ansichten*, die wir von den Dingen haben.

Gedanken haben große Macht über uns. Ich wollte lernen, meine Gedanken selbst zu bestimmen.

Wenn meine Gedanken verantwortlich sind für meine Gefühle und diese wiederum unser Verhalten bestimmen, liegt es auf der Hand, daß ich für mein Wohlbefinden selbst verantwortlich bin. Ich übernehme die Verantwortung für mein Wohlbefinden, indem ich mich z.B. weigere, all die Krimis, Katastrophen und sich selbst erfüllenden Prophezeiungen in meinem Kopf weiterzudenken!

Die düsteren Gedanken haben meist eines gemeinsam: Sie sind oft übertrieben, aus der Luft gegriffen, nicht nachweisbar, und die befürchteten Ereignisse treten nicht ein.

Ich wollte Schluß machen mit den Katastrophen im Kopf. Sie waren es, die mich unglücklich machten und mich so mies fühlen ließen.

Bezogen auf die Angst, lassen die Katastrophen im Kopf die Symptome um ein Vielfaches schlimmer wirken, als sie in Wirklichkeit sind. Panikattacken, bei denen es mir gelang, nicht zu katastrophisieren, wurden vom Erleben her weit besser verarbeitet.

Noch ein paar Beispiele:

Stellen Sie sich zwei Redner vor, beide kurz vor ihrer Rede:

Redner 1 sagt zu sich: "Ich freue mich auf meinen Vortrag, das klappt bestimmt, ich bin gut vorbereitet. Wenn ich mich verspreche, nehme ich die Sache mit Humor. Sich versprechen ist menschlich. Also, auf geht's!"

Redner 2 meint: "Oh Mist, die vielen Leute, mir bleibt bestimmt die Spucke weg, ich habe jetzt schon einen trockenen Hals. Ich verspreche mich bestimmt. Dann wird dieser Heini von Meyer, der in der ersten Reihe sitzt, lachen und von meinem Mißgeschick profitieren. Oh, bräuchte ich diese Rede doch nicht zu halten!"

Wie die Rede der beiden jeweils ausfallen wird, bedarf keiner weiteren Erläuterung.

Ein Mediziner, in dessen Vortrag ich war, wollte über Streß im Rahmen von Herzerkrankungen reden. Er hatte ein Diagerät mit einigen hundert Dias aufgebaut. Plötzlich krachte es, und die Dias fielen zu Boden. Im Saal herrschte Hektik.

Doch der Referent meinte nur trocken: "Sehen Sie, meine Damen und Herren, jetzt habe ich Streß!" Die Zuhörer brüllten vor Lachen, wurden dadurch entspannter, und der Vortragende hatte seine Zuhörer schon gewonnen.

Der Mensch *ist*, was er denkt – im positiven wie im negativen Sinne.

> Es gibt weder Gutes noch Schlechtes –
> erst das Denken macht die Dinge so.
> *William Shakespeare*

Überprüfung meiner Einstellungen zum Leben

Einstellungen sind zunächst etwas Positives. Aufgrund der Erziehung, der Lebenserfahrung und anderer sozialer Faktoren bilden sich die Einstellungen, die es uns erleichtern, unser Leben zu ordnen. Bei diesen Einstellungen handelt es sich quasi um Ausführungen automatisierter Gedanken.

Wenn ich mir z.B. jeden Morgen die Zähne putze, überlege ich nicht großartig, sondern nehme die Zahnbürste, die Zahnpasta, Wasser, putze, spüle … alles automatisch. Diese Einrichtung ist sehr sinnvoll.

Wenn ich jedoch bedenke, daß meine Einstellungen erlernte Bewertungshaltungen sind, die meine Gedanken, meine Gefühle und mein Verhalten und meine Wahrnehmung beeinflussen, kann ich nachvollziehen, wie sehr die Einstellungen mein Leben prägen: Ich habe eine Einstellung zum Sport, zur Politik, Kirche, Sexualität, zu allem!

Meine Einstellungen sind "mein inneres Programm".

Einstellungen können nicht nur das Leben erleichtern, sondern mir auch das Leben schwer machen. Insbesondere dort, wo ich es mit Dingen zu tun habe, die ich nicht ändern kann, ist es oft erforderlich, meine Einstellung zu korrigieren.

Wenn Einstellungen erlernte Bewertungshaltungen sind, kann ich sie auch wieder "*ver*-lernen", besser gesagt: umtrainieren.

Darin sehe ich eine große Chance. Falsche oder richtige Einstellungen gibt es nicht. Doch Einstellungen, die uns überwiegend negative Gefühle schaffen, sind oft geprägt von einem überzogenen Selbstanspruch und realitätsfremden Erwägungen. In solchen Einstellungen gründende Meinungen sind oft pauschal, z.B.:

"Beamte sind faul."
"Frauen fahren schlecht Auto."
"Alle Ausländer klauen."
"Wer mich mal beleidigt hat, ist ein Leben lang bei mir untendurch."
"Ich bin nicht gut genug."

Solche Pauschalurteile sind uns besser bekannt als Vorurteile. Meine Beispielliste ließe sich tausendfach ergänzen.

Ein Beispiel

Der Ehemann beharrt darauf, seiner Frau nicht das Auto zu geben.
Er denkt: Frauen sind schlechtere Autofahrer als Männer.
Er fühlt: Ich bin mißtrauisch, vielleicht ängstlich.
Verhalten: Er läßt seine Frau nicht fahren oder meckert bei kleinsten Fahrfehlern.
Wahrnehmung: Er nimmt Fahrfehler von Frauen stärker wahr.
Die Folge: Seine Einstellung verfestigt sich.
Die Kette: Wahrnehmung – Gedanken – Gefühle – Verhalten – Wahrnehmung [usw.]

Rückschlüsse auf eigenes Verhalten sind erlaubt! Wer sich ständig schlecht fühlt, ohne zu wissen, was ihm fehlt, sollte seine Einstellungen einmal kritisch hinterfragen.

Unter diesen Gesichtspunkten habe ich mich auf die Suche nach meinen eigenen Einstellungen gemacht. Das nachhaltigste Erlebnis dabei war, daß mir beim Aufschreiben meiner Gedankenwelt schlecht wurde. Ich war bisher der Meinung gewesen, ein positiv denkender Mensch zu sein. – Mitnichten!

Die Kernfrage beim Arbeiten mit meinen Einstellungen war: "Bin ich wirklich bereit, einige meiner Einstellungen zu ändern?"

Theorie und Praxis gehen bekanntlich oft weit auseinander. Wenn ich erkannt habe, inwiefern eine Einstellung für mich schädlich ist, geht die Umbewertung der Gedanken nicht von heute auf morgen. Die alten Gedanken wehren sich unerbittlich. Sie scheinen zu fragen: "Soll ich wirklich? Das hast du mir aber jahrelang anders gesagt." Eine völlig normale Reaktion. Und doch ist eine Einstellungsänderung möglich.

Vielleicht werden Sie sich an dieser Stelle fragen, ob ich den Faden verloren habe. Vielleicht werden Sie auch fragen, was Angst denn mit Einstellungen zu tun habe.

Ich meine: sehr viel. Ich bin fest davon überzeugt, daß negative Denkweisen (Einstellungen) krank machen.

Angst ist in erster Linie Unsicherheit, hervorgerufen durch überwiegend negative Gedanken. Gedanken solcher Art berauben uns unseres Urvertrauens und damit unserer Herzlichkeit und unserer Liebe. Sie meinen uns vorhalten zu müssen, was wir alles angeblich nicht könnten und daß wir *nicht gut genug* seien. Unsere Gefühle erpressen uns, Dinge zu unterlassen, die wir gerne tun würden. Maulwurfshügel werden zu Bergen, leichte Krisen zu Katastrophen.

All das sind Faktoren, die langfristig eine Angsterkrankung begünstigen können. Der negativ instruierte Mensch bekommt mit der Zeit eine pingelig eingestellte Alarmanlage, die auf den kleinsten Reiz reagiert. Der Mensch wird seinem eigenen Körper gegenüber mißtrauisch und übertreibt bei seinem inneren Spielfilm maßlos. Die befürchteten Folgen sind unwahrscheinlich, nicht beweisbar und treten so gut wie nie ein.

Wie korrigiert man nun aber seine negativen, krank machenden, Angst erzeugenden Einstellungen?

Hier einige meiner alten Einstellungen, die mein Denken und Fühlen am meisten beherrscht und begleitet haben, und meine neuen (⇒ umbewerteten) zum Vergleich:

ICH DARF NICHT "NEIN" SAGEN, WEIL ICH DANN ABGELEHNT WERDE!
⇒ Ich kann "Nein" sagen, wenn ich "Nein" meine. Ich bin dann mehr ich selbst. Wahrscheinlich werde ich dann auch ernster genommen und mehr akzeptiert.

JEDER MUSS MEIN FREUND SEIN, KEINER DARF MICH ABLEHNEN!
⇒ Ich kann es ertragen, wenn manche Menschen mich unsympathisch finden und/oder mich ablehnen. Es ist ihre Meinung über mein situatives Verhalten. Das gleiche Recht steht mir auch gegenüber anderen zu.

ICH MUSS MEINEN ÄRGER UND MEINE WUT IMMER UNTER KONTROLLE HABEN, IMMER GELASSEN SEIN!
⇒ Es ist schön und befreiend, seine positiven und negativen Gefühle zu zeigen. Sie zu verstecken bedeutet Energieverlust und führt zum Ausbruch an ungeeigneter Stelle mit überzogener Aggression. Gefühle zeigen ist ein Teil der Gelassenheit.

ICH MUSS IMMER LEISTUNG BRINGEN, UM POSITIV AUFZUFALLEN!

⇒ Ich besinne mich auf meine Fähigkeiten. Ich brauche sie mir nicht jeden Tag neu zu beweisen. Wenn ich mir meiner Fähigkeiten bewußt bin, kann ich darauf verzichten, immer positiv auffallen zu wollen. Das macht mich ehrlicher.

ICH DARF KEINE FEHLER MACHEN!

⇒ Fehler führen zu Lernprozessen und sind menschlich. Wenn mir ein Fehler passiert, ärgere ich mich nicht und gebe ihn unumwunden zu.

ICH HABE KEINE AUSSTRAHLUNG, DIE ANDEREN DENKEN SCHLECHT ÜBER MICH!

⇒ Ich höre ab sofort die überwiegend positiven Rückmeldungen, die ich bekomme, und nehme sie an. Ich habe keinerlei Beweise, daß andere schlecht über mich denken.

ICH MUSS ALLES FÜR MEINE FAMILIE TUN; IMMER DA SEIN; IMMER ZUHÖREN!

⇒ Ich tue, was ich kann. Manchmal genügt es, da zu sein und nur zuzuhören. Ich gestehe mir, meiner Frau und meinen Kindern Freiräume zu. Nicht alle Probleme verlangen eine Lösung, schon gar nicht immer eine direkte Lösung.

ICH DARF NUR KOMPETENTE DINGE SAGEN!

⇒ Ich sage, was ich denke, und zwar möglichst spontan. Ich vermindere meine Qualitätsansprüche und bin meinen Aussagen gegenüber toleranter.

ICH MUSS IMMER AKTIV SEIN!

⇒ Ich entdecke, mit mir selbst umzugehen, nicht zu flüchten und "Leerlauf" zu akzeptieren. Pausen sind notwendig und entspannen.

ICH WILL JEDEN TAG ANERKENNUNG HABEN!

⇒ Ich nehme die kleinen und spontanen Anerkennungen mir wichtiger Personen besser wahr. Ich nehme mich selbst mehr an und tue, was mir Spaß macht.

ICH FÜHLE MICH FÜR ALLES UND JEDEN VERANTWORTLICH, OBWOHL ICH SO VIEL VERANTWORTUNG NICHT MAG!

⇒ Ich bin verantwortlich für das, was *ich* tue. Ich delegiere beruflich so weit wie möglich und vertraue meinen Mitarbeitern, Freunden und Bekannten. Ich reiße nicht alles an mich.

UM MICH HERUM MUSS IMMER HARMONIE HERRSCHEN; BLOSS KEINE KONFLIKTE!

⇒ Wenn mich etwas stört, spreche ich es umgehend an und zeige dabei auch meine Gefühle. Ich akzeptiere es auch, wenn ich selbst kritisiert werde.

ICH BIN FÜR DAS FUNKTIONIEREN DER POLIZEI (Beruf ist austauschbar) BERUFEN!

⇒ Ich tue meine Arbeit, so gut ich kann. Dinge, die mir nicht gefallen, wird es immer geben. Ich akzeptiere deshalb Gegebenheiten, die ich nicht ändern kann. Ich bin jederzeit ersetzbar. Ich kann meine Vorstellungen vorleben und habe genügend Freiraum, meine kreativen Ideen umzusetzen.

ICH KANN ANDEREN GUT HELFEN, MIR NICHT!

⇒ Indem ich mich annehme und mir vertraue, kann ich mir selbst am besten helfen. Ich helfe anderen nur, wenn sie Hilfe erwarten und meine Verfassung dementsprechend ist.

ICH DARF KEINER ANDEREN FRAU GEFALLEN: MIR DARF KEINE FRAU GEFÄHRLICH WERDEN

⇒ Ich lasse Komplimente zu. Ich unterhalte mich, flirte, kenne meine Grenzen. Die Gedanken sind frei.

Ich kann mir gut vorstellen, daß viele meiner Mitbetroffenen jetzt denken: Genauso oder ähnlich ergeht es mir auch. Es lohnt sich immer wieder, wenn ich meine Gedanken und Gefühle aufschreibe. Sie werden dann bewußt und versickern nicht im Unterbewußtsein.

Ich habe den Mut, einige meiner Einstellungen zu ändern. Ich habe dabei nichts zu verlieren.

Wie sieht eine Einstellungsänderung in der Praxis aus?

Vorweg in Stichworten die einzelnen Schritte:[8]

- Wahrnehmung und Beschreibung des Problems:
  Ein bestimmtes Problem oder eine Person bereitet mir immer wieder Streß; andere Lösungsversuche schlugen fehl.
- Aufschreiben der belastenden Gedanken:
  Immer ich ...
- Aufschreiben der belastenden Gefühle:
  Ärger, Trauer, verletzt sein ...
- Zusammenfassen in einem Kernsatz:
  immer, muß, alle, jeder ...
- Realitätsbezug:
  Stimmt meine Behauptung im Kernsatz?
- Prüfung der positiven und negativen Konsequenzen
  [*Beim Überwiegen der positiven Konsequenzen fällt eine Einstellungsänderung leichter.*]
  HILFSFRAGEN: *Wie würde ich mich gerne fühlen? Welche (neuen) Gedanken sind dabei hilfreich?*

---

[8] Vgl.: Angelika Wagner-Link: *Aktive Entspannung und Streßbewältigung.*

- Neuer Kernsatz
  [*unter Umständen den alten nur relativieren*]

Ein praktisches Beispiel

Ich bleibe bei dem Autofahrer, der seine Frau nicht fahren läßt. Wie könnte er seine Einstellung ändern?

- Problembeschreibung:
  Ich habe Probleme, wenn meine Frau Auto fährt und ich dann auf dem Beifahrersitz sitze.
- Gedanken:
  Hoffentlich passiert kein Unfall.
- Gefühle:
  Angst und Verkrampfung
- Kernsatz:
  Männer sind die besseren Autofahrer!
- Realitätsbezug:
  Meine Aussage ist nicht realistisch. Rein statistisch haben Frauen sogar weniger Unfälle.
- Positive und negative Konsequenzen:
  Ich hätte sogar Vorteile, wenn meine Frau Auto fährt: Ich bräuchte dann nicht immer unseren Sohn vom Sport abzuholen und bei der Urlaubsfahrt könnten wir uns abwechseln. Ich könnte mich dann entspannt zurücklehnen und ausruhen. Ich vertraue meiner Frau.
- Neuer Kernsatz:
  Frauen fahren genauso gut Auto wie Männer.

Anfangs hatte ich noch den Eindruck einer geistigen "Vergewaltigung" bei der Umsetzung solcher neuen, veränderten Einstellungen. Doch wenn ich meine neue Einstellung oft genug dachte und dahinterstand, gewöhnte ich mich daran – und vor allem: Mir ging es besser. Ich erfuhr: Mit einer veränderten Einstellung erhöht sich die Lebensqualität, und der persönliche Handlungsspielraum wird größer.

Wahrnehmen, was ich denke und sage

Nachdem ich mit meinen Einstellungen gearbeitet hatte und mir die Verbindung *Gedanken – Gefühle – Verhalten* klar war, achtete ich sensibler auf das, was ich gerade dachte und sprach. Wenn ich Angst verspürte, überlegte ich, welche Gedanken ich kurz vorher gedacht oder ausgesprochen hatte (Worte sind nichts anderes als gesprochene Gedanken).

Manchmal genügte das bloße Hinterfragen der Gedanken – oft Dutzende Male am Tag –, um auftretende Angst aufzulösen.

Stop-Sätze

Stop-Sätze sind gute Hilfsmittel, das innere Selbstgespräch positiv zu verändern. Sie helfen sofort, negative Gedankenmuster zu stoppen. Ich spreche mich dabei beim Vornamen an: "Roland, Stop, bleib ruhig!" Ich vermittele meinem Unterbewußtsein damit klar und deutlich, daß ich nicht mehr negativ denken will. Damit bin ich Herr meiner eigenen Gedanken und nicht mehr länger ihr Sklave. Manchmal ist eine mehrfache rigorose Unterbrechung notwendig: "Nein – ich *will* so nicht denken! Ich bin der Chef über meine Gedanken."

Sprechen mit der Angst

Wenn ich früher die aufkommende Angst bemerkte, redete ich immer mit ihr im Sinne von:"Hau ab, du hast mir gerade noch gefehlt, ich kann dich jetzt nicht gebrauchen." Die Angst kam dann erst recht und wurde stärker. Ich veränderte mein Gespräch mit der Angst, sagte: "Hallo, da bist du wieder, komm ruhig, wenn du da bist, kann ich Fortschritte machen. Du willst mir

etwas sagen. Doch es droht mir keine Gefahr. Ich kann mit der Situation umgehen. Du kannst ruhig wieder gehen."[9]
Ich blieb dann ruhig, und die Angst steigerte sich nicht mehr.

Wir waren ab sofort Verbündete!

Spiegelarbeit

Neben der Möglichkeit, seinem Spiegelbild "Guten Morgen" zu sagen, gibt es noch intensivere Möglichkeiten, mit dem Spiegel zu arbeiten.
Namhafte Autoren empfehlen, seinem Spiegelbild (sich selbst) bis zu 200 mal "Ich liebe dich" zu sagen.[10] Diese Liebeserklärung meint nicht krankhaften Narzißmus, sondern eine Anerkennung der eigenen Person mit allen ihren Fehlern. Durch das häufige Üben wird die "Liebesbezeugung an sich selbst" verinnerlicht und beginnt zu wirken. Ich kann mich vor dem Spiegel drehen und wenden, mir zulachen und zuzwinkern und sagen: "Das bin ich."

---

[9] Vgl.: Doris Wolf: *Ängste verstehen und überwinden.*
[10] Ebd.

Alles in der Natur ist Zeichen einer geistigen Wirklichkeit.

Ralph Waldo Emerson

Vorstellungsübungen

Die meisten Menschen wissen, was sie nicht gerne tun. Einmal befragt, was sie denn gerne tun würden, folgt meist tiefes Schweigen, ja Ratlosigkeit.

Ich mache seit einiger Zeit Vorstellungsübungen. Ich denke mich in Situationen, die mir im Moment noch Probleme bereiten, z.B.

- Schaufensterbummel
- Treffen mit Freunden
- Flugzeug
- auf einen Turm steigen
- Dienstbesprechung
- usw.

Ich gehe dabei folgendermaßen vor:

Ich wähle mir für meine Übungen möglichst immer den gleichen Ort und die gleiche Tageszeit aus und bitte meine Familie, mich eine halbe Stunde nicht zu stören.

Ich lege oder setze mich hin und entspanne mich durch die *Progressive Muskelentspannung nach Jacobsen*[11] oder durch Entspannungsmusik. In diesem entspannten Zustand begebe ich mich gedanklich in die zuvor ausgesuchte Situation, die mir Angst bereitete. Ich stelle mir vor, wie ich mit dem Auto zu dem

---

[11] Näheres dazu im gleichlautenden Kapitel dieses Buches.

Geschäft fahre, die Auslagen betrachte, das Geschäft betrete, mit meiner Frau herumalbere. Ich stelle mir sogar den Belohnungskaffee vor, schmecke ihn ... Der Erfolg *muß* sich nach häufigem Üben einfach einstellen!

Von Zeit zu Zeit gelingt es mir sogar, meine Träume zu lenken bzw. zu korrigieren. Ich war nicht auf einem Seminar und habe kein Fachwissen über Traumdeutung. Dennoch macht es mir Spaß, anhand meiner Träume herauszufinden, was mich bewegt.

Wenn die Ängste nachlassen, werden auch die Träume wesentlich milder und die Schlafqualität besser.

Affirmationen

Zusätzlich arbeite ich mit auf mich zugeschnittenen Texten, die ich aneinanderreihe, so daß sie die Qualität einer Selbstsuggestion bekommen. Der Text kann in jeder Situation angewendet werden, ganz gleich, ob bei Aldi in der Schlange oder in einer wichtigen Sitzung.

Ich benutze je nach Situation folgenden Text oder Ausschnitte daraus:

Ich liebe und akzeptiere mich und traue dem Prozeß des Lebens. Ich bin in Sicherheit. Alles ist gut. Ich erhebe mich über die Ängste und Begrenzungen anderer Menschen. Ich erschaffe mir mein Leben selbst. Das Leben begeistert mich und erfüllt mich mit neuer Energie. Liebevoll vergebe ich mir für die Vergangenheit. Ich lebe im Hier und Jetzt. Ich bin frei. Ich sehe mit Liebe, Vergebung und Zärtlichkeit. Ich gebe meinem Denken einen freudvollen Urlaub. Ich bin zufrieden. Ich sehe die Rea-

lität. Ich lasse die alten Begrenzungen hinter mir und gestatte mir nun, mich frei und schöpferisch auszudrücken.[12]

Dabei ist es wichtig, die Affirmationen nicht einfach nachzuplappern, sondern sie auch zu leben.

Etwas rosarot tut gut, neigen doch viele Angstbetroffenen zur übertriebenen Selbstkritik.

Aber niemandem nützt es, wenn die Ansichtsbrille zu rosarot wird, die Realität jedoch grundlegend anders aussieht.

---

[12] Vgl.: Louise L. Hay: *Heile deinen Körper.*

> Wer Schuldgefühle hat, ist
> für Anschuldigungen sehr empfänglich.
> *Henry Fielding*

Schuldgefühle aus seinem Leben verbannen

Was passiert ist, ist vorbei. Ich kann es nicht mehr ändern oder rückgängig machen, selbst wenn ich es wollte. Auch bei mir entdeckte ich stark ausgeprägte Schuldgefühle. Sie nutzten mir gar nichts. Ich lebte nicht im Hier und Jetzt, eher in der Vergangenheit und in der Zukunft.

Schuldgefühle resultieren oft aus der Erziehung: "Ein liebes Kind widerspricht nicht seinen Eltern, spricht nur, wenn es gefragt wird, onaniert nicht!"

Schuldgefühle sind nichts anderes als Erpressungsversuche des Über-Ich. Je selbstbewußter ich werde, desto weniger lasse ich solche Schuldvorwürfe an mich heran.

Ich tendiere nicht zu Hemmungslosigkeit, Rücksichtslosigkeit und Egoismus. Aber was nützt es mir, wenn ich mir mit fast 40 noch Vorwürfe mache, daß ich mit 18 mehrmals betrunken Auto gefahren bin oder meine Bude "verkotzt" habe?

Im Rahmen meines "Sich-selbst-mehr-mögen"-Programmes habe ich mir das Ziel gesetzt, mehr Selbstbewußtsein zu bekommen, an mich selbst zu glauben, überzeugt von dem zu sein, was ich tue. Schuldgefühle können mich daran nicht mehr hindern.

Ich rebelliere, wenn mir mein Unterbewußtsein weismachen will, ich sei eine "Null" und nutzlos. Das entspricht schlicht und einfach nicht den Tatsachen.

Ein mutiger Mensch ist auch voll des Glaubens.

Cicero

SOZIALCOURAGE – SELBSTSICHERHEIT IM ALLTAG

Sätze und Redewendungen, die mit "Ich will", "Ich möchte" oder "Ich will nicht" anfingen, waren mir lange Zeit meines Lebens ziemlich fremd. Ich dachte, das sei egoistisch, und ein Egoist wollte ich nicht sein. Außerdem – so dachte ich weiter – könnte das ja andere Menschen verletzen. Oder sie könnten sauer sein und mich nicht mehr mögen. Wenn ich überhaupt mal sagte "Ich will nicht", rechtfertigte ich mich. Ich fühlte mich ganz klein dabei.

Es war an der Zeit, dieses Verhalten zu ändern.

Sozialcourage zeigen heißt nicht, anderen Menschen gegenüber durch aggressives Verhalten unberechtigte Forderungen durchzusetzen und ohne Rücksicht auf Verluste durch das Leben zu gehen.

Sozialcourage heißt, seine Rechte selbstsicher zu vertreten und in der jeweiligen Situation angemessen zu reagieren.

Beispiele für Wollen und Nichttun / Nichtwollen und Tun

- Ich werde eingeladen und habe keine Lust, gehe aber trotzdem hin.
- Ich habe zu viele Termine, nehme dennoch weitere an.
- Das Essen im Restaurant hat nicht geschmeckt, ich würde es gerne sagen, tue es aber nicht.

- Ich werde um einen Gefallen gebeten. Ich möchte ablehnen, tue es aber nicht.
- Ich gehe mit Bekannten in ein Restaurant, dessen Preise ich mir eigentlich gar nicht leisten kann.
- Ich könnte von anderen Hilfe bekommen, frage aber nicht.
- Ich möchte einem Menschen z.b. Mitgefühl bekunden, aber ich würge und kriege keinen Ton raus.
- Ich behaupte mich nicht bei einem (berechtigten) Umtauschbegehren.
- Ich habe Kontaktschwierigkeiten, gehe aber nicht auf Menschen zu, fühle mich einsam, bin vielleicht neidisch auf andere.

Diese Beispiele ließen sich über viele Seiten fortführen.

Mir machte es zwar nichts aus, vor einer großen Menschengruppe zu sprechen oder als Dozent Gruppen zu leiten, doch ich hatte erhebliche Defizite, wenn es um die Wahrnehmung meiner Wünsche und Rechte ging.

Ich konnte nicht "Nein" sagen und keine Gefühle ausdrücken. Ich stellte keine Forderungen und lehnte keine Wünsche anderer ab.

Mit der Zeit hatte ich das Gefühl, nur zu geben und nicht zu empfangen. Ich fühlte mich ausgenutzt und war aggressiv. Die Aggression lebte ich aber nicht aus. Ich bekam einen Blähbauch. Der ganze Ärger saß im Bereich des Solar-Plexus.

Explodierte ich einmal, war dies der Situation oft nicht angemessen, sondern völlig überzogen.

Während meines Aufenthaltes in der Fachklinik, bekam ich ein gutes Angebot, meine sozialen Fertigkeiten zu trainieren, und zwar in Form von Rollenspielen. Hierbei wurden Angst- bzw. Stresssituationen nachgespielt, z.b. *Der reservierte Sitzplatz im Zug ist besetzt* oder *In der Metzgerei drängelt sich jemand vor.* Der/die Spielpartner versuchten sich möglichst genau in den anderen hineinzuversetzen. Die Rollenspiele verliefen meist sehr realitätsnah, d.h. sie lösten "naturidentische" Gefühlsreaktionen aus wie Schwitzen, Ärger, Weinen u.a.m.

Nach dem Übungsdurchgang wurde die Szene innerhalb der Gruppe besprochen und wertvolle Anregungen gegeben. Wenn sinnvoll, wurde das Rollenspiel wiederholt.

Das Üben hat mir viel gebracht. Ich wurde auf einmal hartnäkkiger, z.b. bei einem Umtausch, konnte meine Gefühle besser ausdrücken und endlich einmal "Nein" sagen. Die neue Verhaltensweise wirkte vielleicht am Anfang etwas holprig. Manchmal schoß ich über das Ziel hinaus. Doch das ist nicht schlimm. *Regelmäßig üben und verinnerlichen* heißt das Ziel.

Üben kann ich auch außerhalb einer Gruppe. Es empfiehlt sich dann, mit kleineren (alltäglichen) Lebenssachverhalten anzufangen. Wenn ich mit einer Freundin oder einem Freund übe, nutze ich den positiven Effekt der gegenseitigen Rückmeldung. Gemeinsames Üben kann sehr viel Spaß machen.

Neben der reinen verbalen Kommunikation sind meine Gestik und Mimik von großer Bedeutung. Mein Gegenüber wird womöglich in meiner Stimme "lesen" können, ob sie laut oder leise ist, sicher oder "ängstlich".

Ich machte eine Bestandsaufnahme und trainierte meine Sozialcourage. Ich nahm mir dabei folgende Tips zu Herzen:

- Ich sage öfter mal "Nein", wenn mir danach ist!
- Ich gehe auf Menschen zu und spreche sie an. Ablehnungen wird es geben, aber sie sind selten und zu verkraften!
- Ich mache Komplimente und – vor allem – nehme Komplimente an!
- Ich drücke meine Gefühle aus!
- Ich stelle Forderungen und lehne Forderungen ab!
- Ich äußere Kritik und nehme Kritik an!
- Ich bitte andere Menschen um Hilfe und Unterstützung!

Als ich mich von dem Gedanken befreite *Wenn ich gebe, will ich auch empfangen*, war das schon erlösend, denn ich gab nur noch, wenn ich wirklich wollte, und *nicht in der Absicht zu empfangen.*

Der Unterschied ist riesig!

Die Folge war, daß mich mein soziales Umfeld mehr und mehr akzeptierte. Ich wurde echter. Ich war darüber verblüfft und verwundert zugleich.

Ich bin heute froh darüber, diese Erkenntnis gewonnen zu haben. Sie macht mich insgesamt freier, und der Bauch ist zuweilen nicht mehr so verpanzert.

Das Üben indes geht weiter.

ENTSPANNUNGSÜBUNGEN

Entspannungsübungen jeglicher Art sind bestens geeignet, das Erregungsgrundniveau bei Angst und Streß zu reduzieren.

Die Angst- und/oder Streßkurven verlaufen nicht immer steil nach oben oder gerade. Sicher gibt es Situationen wie z.B. den Tod eines geliebten Menschen, Scheidung oder Krankheit, die auf einmal stark auf uns einwirken, doch die "normale" Kurve des Alltags verläuft eben anders.

Beispiel:
Ich stehe morgens zu spät auf, der Wecker war verstellt, ausgerechnet heute ist der Kaffee alle, der Wagen springt nicht an, alle Ampeln sind rot, der Vordermann fährt zu langsam, der Chef fragt: "Wieder Verspätung?!" Abends hat der Kleine eine Fünf geschrieben, und die Frau will unbedingt noch einkaufen...
Würde ich diese Geschehnisse in eine Tabelle bringen, wäre unschwer zu erkennen, wie sich Streß teilweise wieder abbaut, die Kurve sich jedoch langsam aber stetig hochschaukelt. Am Schluß der Kurve reicht dann der berühmte Tropfen, der das Faß zum Überlaufen bringt.

Bei der typischen Angstkurve (die es typisch eigentlich gar nicht gibt) wird die Spirale gedreht durch Katastrophengedanken. Zwickt die Brust, denkt man an den Herzinfarkt von Tante Sophie. Ist mir schwindlig (was bei "normalen" Menschen auch vorkommt), ist das ein Zeichen baldigen Umfallens; der Notarzt ist innerlich schon verständigt

Was kann ich tun?

Zunächst wieder mal: Stop! Stop! Stop!

Durch relativ leicht erlernbare Entspannungsübungen gelingt es mir heute, handlungsfähig zu bleiben. Genau das ist nämlich der Punkt: *Handlungsfähigkeit*!

Gesteuert werden diese Vorgänge durch zwei Nervensysteme: den Sympathikus und den Parasympathikus. Einfach ausgedrückt, regt der Sympatikus an, sein Gegen(mit-)spieler normalisiert wieder. Ist dieses Gleichgewicht gestört, ist der Mensch entweder zu gedämpft oder, was öfter vorkommt, innerlich unruhig oder stark verspannt.

Wenn Ihnen diese Beschreibung zu theoretisch ist, stellen Sie sich bitte vor, der Sympathikus sei wie beim Auto das Gas und der Parasympathikus die Bremse. Ist das Verhältnis von Gas und Bremse gestört, fährt das Auto ständig zu schnell oder zu langsam, mit allen Konsequenzen.

Das Ziel lautet, "Gas" (Sympathikus) und "Bremse" (Parasympathikus) in einem harmonischen Wechselspiel zu halten. Welche guten Dienste hier Entspannungsübungen zu leisten vermögen, ist Thema des Folgenden. Aus meiner Zeit als Dozent für Entspannungsübungen möchte ich Ihnen einige von ihnen etwas genauer vorstellen.

Progressive Muskelentspannung nach Jacobsen

Die Muskelentspannung nach Jacobsen ist mein persönlicher Favorit. Sie besteht darin, daß alle Muskeln des Körpers, die willkürlich bewegt werden können, systematisch angespannt und wieder entspannt werden. Durch das Anspannen und das anschließende Entspannen werden Entspannungsgefühle besser wahrgenommen, und es kommt zu einer optimalen Entspannung der Muskulatur mit intensiven Schwere- und Wärmegefühlen.

Die Übung ist leicht erlernbar und läßt den Übenden relativ schnell positive Körpergefühle wahrnehmen. Der Entspannung der Muskulatur folgt eine wohltuende Wirkung für den gesamten Organismus. Die Muskelentspannung wird vom Körper wahrgenommen und an alle wichtigen Organe weitergemeldet.

Ein kompletter Übungsdurchgang dauert 30 bis 40 Minuten.

Sicher werden Sie sich jetzt sagen: *Ich habe nicht jeden Tag so viel Zeit für mich* oder *Die Mittagspause ist dafür zu kurz.* Bedenken Sie jedoch, daß Sie die Übung für sich selbst tun und sich immer irgendeine Möglichkeit einrichten läßt, sich sein persönliches Übungsprogramm zusammenzustellen.

Ferner lassen sich auch Einzelelemente der Übung wie z.B. das Ballen beider Fäuste in jeder Ad-Hoc-Situation anwenden. Die Reihenfolge ist völlig egal, Sie brauchen sich darauf nicht zu konzentrieren. Dann nämlich würde ein ähnlicher Effekt auftreten wie beim Tanzen, wenn Sie die Schritte zählen.

Für alle nachfolgenden Entspannungsübungen gilt:

- regelmäßig üben
- am selben Platz
- zur selben Zeit

- Familie um Ruhe bitten
- lockere Kleidung
- vorher lüften
- sich geistig vorbereiten.

Ich habe den Text der kompletten Übung aufgeschrieben. Ich habe ihn ganz bewußt in die Ich-Form umgeschrieben, weil das die Vorstellungskraft und Akzeptanz der Übung erhöht. Alles, was passiert, geschieht durch *mich*, nicht durch irgend eine höhere Macht. Ich habe keine Angst, sondern traue mir zu, daß in mir Fähigkeiten liegen, die ich nur noch nicht entdeckt habe.

Aufgrund meiner Erfahrungen würde ich Ihnen raten, die Entspannungsübung zunächst nicht alleine durchzuführen. Kaufen Sie sich Literatur und freunden sich mit der Übung an, gehen Sie in eine Gruppe. Dort können Sie sich mit den anderen Gruppenmitgliedern austauschen, es macht mehr Spaß, und der Gruppenleiter kann Ihnen wichtige Anregungen für die Übung geben. Nach jeder Sitzung wird die Übung besprochen, die erlebten Empfindungen erklärt.

Nach einem Kurs sollten Sie in der Lage sein, selbständig zu Hause zu trainieren. Der Langzeiteffekt tritt ein.

Sie können den Text verinnerlichen (was besser wäre) oder auf eine Kassette sprechen. Wenn Sie nicht die Möglichkeit haben, eine Kassette zu besprechen, können Sie die Kassette bei mir bestellen (Bezugsadresse im Anhang).

Praktische Übungsanleitung
kursiv = Anspannungsphase
normal = Entspannungsphase

Sie sitzen auf einem Stuhl oder liegen auf einer Unterlage, je nach persönlichem Empfinden. Sie konzentrieren sich einen Moment und beginnen dann mit dem Text:

"Ich nehme eine bequeme Haltung ein und korrigiere, bis ich bequem und druckfrei liege (oder sitze). Ich schließe nun die Augen und bereite mich innerlich auf die Entspannungsübung vor. Ich erinnere mich an ein Bild oder an eine Situation, die mir sehr viel Freude bereitet hat, und stelle mich auf die Entspannung des ganzen Körpers ein ... Ich nehme mir jetzt Zeit und lasse den Alltag hinter mir ... Ich versuche an nichts zu denken, sondern lasse meine Gedanken einfach kreisen ... Es gibt nichts zu tun ... Meine Muskeln werden entspannt und entspannter ... Ich werde jetzt alle Muskelpartien meines Körpers nacheinander durchgehen und beobachte das unterschiedliche Gefühl zwischen Anspannung und Entspannung ...

Ich balle jetzt meine rechte Hand zur Faust. – Ich fange langsam an und erhöhe ständig den Druck ... Die Faust wird härter, und ich spüre den Druck im Unterarm ...

Und nun lasse ich los ... Ich entspanne meine rechte Hand und lasse meine Finger ganz locker ... Ein angenehmes Gefühl breitet sich aus ...

Nun mache ich das gleiche mit der linken Hand ... Ich balle die linke Hand unter ständigem Druck zur Faust ... Der übrige Körper bleibt dabei entspannt ... Ich spüre die Spannung in der linken Faust ...

94

Ich entspanne die linke Faust und lasse die Finger wieder ganz locker ... Ich spüre die Entspannung und genieße den unterschiedlichen Eindruck ...

Nun balle ich beide Hände zu Fäusten, wobei ich den Druck stetig verstärke ... Nicht zu fest ... Langsam steigern ...

Und jetzt loslassen ... entspannen. Meine Finger gleiten wieder zurück, und ich merke, daß ein wohliges Gefühl meine Hände und Unterarme erfaßt hat und sich ausdehnt.. Beide Hände sind jetzt warm und schwer ... Wenn ich mich jetzt konzentriere, kann ich den Puls in den Fingerspitzen meiner rechten Hand wahrnehmen ...

Nun spanne ich meine Bizepsmuskeln an, indem ich beide Arme anwinkele und langsam die Spannung erhöhe ... Spannungsgefühle genau beobachten ...

Und entspannen ... Ich lege meine Arme wieder bequem zurück ... Wieder merke ich den Unterschied und lasse die Entspannung sich ausbreiten ...

Noch einmal: Bizeps anspannen ... Spannung festhalten und registrieren ...

Ich löse die Anspannung wieder, lasse die Arme langsam und locker fallen ... Ich achte dabei genau auf meine Empfindungen, einmal, wenn ich anspanne, und dann, wenn ich entspanne ...

Ich strecke meine Arme jetzt aus und drücke meine Handinnenflächen unter wachsendem Druck auf meine Unterlage ... Ich spüre die Spannung an den Rückseiten meiner Oberarme in den Trizepsmuskeln ... Möglichst fest anspannen ... Jaaa, so ist es gut ...

Loslassen und die Oberarme entspannen ... Die Entspannung wird nun intensiver, immer tiefer ...

Schwere und Wärme dehnen sich weiter aus über den ganzen Körper ...

Ich wiederhole die Übung: Arme fest auf die Unterlage drücken und die Spannung in der Trizepsmuskulatur spüren ...

Und wieder entspannen ... Ich bleibe eine Zeit lang so entspannt und behalte meine bequeme Haltung bei ... Meine Muskeln sind warm und schwer geworden ...

Nun hebe ich meine Augenbrauen hoch und runzele die Stirn ... Anspannung verstärken ... uuund ...

lösen ... Ich entspanne meine Augenbrauen ... Ich entspanne meine Kopfhaut, ich entspanne meine Stirn, sie wird immer glatter, je mehr ich mich entspanne ...

Meine geschlossenen Augen drücke ich jetzt noch fester zu, aber nicht so, daß sie schmerzen ... Ich spüre den Druck ...

Ich entspanne wieder und merke, wie locker die Augen jetzt sind ...

Jetzt beiße ich meine Zähne fest aufeinander und spüre die Spannung der Kiefermuskulatur ... Ich konzentriere mich auf diese Spannung ...

Nun lasse ich los und genieße die Entspannung ...

Ich spitze jetzt meine Lippen und drücke sie immer fester aufeinander ...

96

Ich löse die Anspannung wieder … Ich spüre den unterschiedlichen Eindruck … Die Entspannung dehnt sich weiter aus in den ganzen Gesichtsbereich … Es lockern sich meine Lippen, meine Zunge, mein Gaumen, die Augen und die Stirn, die Entspannung dehnt sich auch aus auf den Nacken …

Ich drücke meinen Nacken nach hinten , halte die Spannung fest und achte auf die Spannung im Nacken … Nun rolle ich den Kopf auf die rechte Seite und erlebe diese Spannung … Nun rolle ich den Kopf nach links und merke den Unterschied …

Und entspannen … Ich lege den Kopf wieder bequem hin und genieße die Ruhe und Gelöstheit …

Jetzt drücke ich mein Kinn nach vorne auf die Brust und spüre die Spannung …

Ich löse die Spannung, ich fühle die Erleichterung … Die Entspannung dehnt sich aus …

Nun hebe ich die Schultern hoch, so weit es geht … Spannung halten uuund …

wieder locker fallen lassen … Ich spüre die Erleichterung … Nacken und Schultern entspannen sich …

Ich hebe meine Schultern jetzt noch einmal und spüre die Spannung … Nun drehe ich sie nach vorne … Die Spannung ändert sich … und nach hinten … Die Spannung ändert sich wieder … Ich beobachte den unterschiedlichen Eindruck …

Ich lasse meine Schultern wieder fallen und entspanne … Ich lasse die Entspannung in meinen Schultern sich tief ausbreiten bis in die Rückenmuskulatur … Ich entspanne meinen Nacken und mein Gesicht, ich erlebe, wie eine intensive Entspannung sich ausbreitet ... Sie geht weiter, weiter und weiter ... Die Entspannung wird immer größer und tiefer ... Ich registriere das angenehme Gefühl der Wärme und Schwere und versuche, noch etwas weiter zu gehen.

Ich atme frei und leicht ein und aus ... Ich merke, wie die Entspannung beim Ausatmen zunimmt ... Während ich ausatme, fühle ich die Entspannung ...

Nun atme ich tief ein... Brust und Bauch wölben sich ... Ich halte den Atem an ...

und atme aus... ich lasse Bauch und Brustkorb locker werden, die Luft strömt von selbst aus... ich genieße die Entspannung, sie breitet sich weiter aus....

Noch einmal: tief Luft holen, den Atem anhalten ... Ja, so ist es gut ...

Ich atme aus und spüre die Erleichterung im Lungenbereich ... Ich atme jetzt ruhig und gelöst ... Ich nehme wahr, wie sich die Entspannung ausbreitet, über meinen Bauch, meine Brust, meine Schultern, meinen Rücken, das Gefühl ist sehr angenehm ...

Ich gehe jetzt weiter in den Bereich der Bauchmuskulatur ... Ich drücke meinen Bauch fest nach außen und halte die Spannung fest ...

Ich lasse wieder locker und spüre den Unterschied ...

Ich drücke nochmals den Bauch nach außen und spanne die Muskulatur fest an ... Spannung festhalten uuund ...

loslassen ... Ich registriere ein wohliges Gefühl im Bauchbereich ...

Nun ziehe ich den Bauch ein und erlebe die Spannung... ich mache die Bauchmuskeln ganz hart ...

Ich lasse wieder los und merke den Unterschied ...

Nun ziehe ich den Bauch noch einmal ein und spanne die Bauchmuskeln an ...

Ich entspanne wieder, lasse die Bauchmuskeln locker werden und atme wieder ruhig.. ich spüre dabei das angenehme Gefühl, das über die Brust und den Bauch läuft ...

Ich ziehe den Bauch wieder ein , halte die Spannung fest, dann drücke ich ihn nach außen, halte die Spannung fest und erlebe diese Spannung ... Jetzt ziehe ich den Bauch wieder ein und halte die Spannung ...

und Bauchmuskeln völlig entspannen ... Die Spannung verschwindet ... Die Entspannung wird intensiver ... Der Bauch ist angenehm warm geworden ... Ich beobachte die rhythmische Entspannung in den Lungen und am Leib ... Magen- und Darmgeräusche sind normal und stören mich nicht ... Ich empfinde es eher als angenehm ... Auch Magen und Darm entspannen sich ... Mein ganzer Körper entspannt sich ... immer mehr ...

Ich konzentriere mich dann auf den unteren Rücken ... Ich wölbe den Rücken und hebe das Gesäß von der Unterlage ... Ich spüre das Spannungsgefühl entlang der Wirbelsäule ...

Ich lege mich wieder zurück ... Ich entspanne mich ...

Nun hebe ich den Rücken wieder und fühle dabei die Entspannung ... Ich versuche, mich nur auf den unteren Rücken zu konzentrieren, während der übrige Körper entspannt bleibt ...

Ich entspanne wieder, ich entspanne immer mehr ... Ich liege locker auf meiner Unterlage ... Ich entspanne mein Kreuz, ich entspanne den unteren Rücken, den oberen Rücken, lasse die Entspannung übergehen auf Bauch, Brust, Schultern Arme und Gesicht ... Diese Körperteile werden immer lockerer ... Die Entspannung wird größer, tiefer ... Ich spüre die angenehme Schwere und Wärme, die mit der Entspannung einhergeht ... Ich lasse los und entspanne mich völlig ... Ich genieße meine innere Ruhe und bin ganz gelassen ...

Nun spanne ich mein Gesäß und meine Oberschenkel an ... Ich verstärke die Anspannung ...

und entspanne ... Ich erlebe den Unterschied zwischen Spannung und Entspannung ...

Ich spanne mein Gesäß und meine Oberschenkelmuskulatur noch einmal an und halte die Spannung fest ...

....nun entspanne ich Oberschenkelmuskulatur und Gesäß und lasse die Entspannung sich weiter ausbreiten...

Jetzt drücke ich meine Füße nach unten weg vom Gesicht, so daß ich in den Waden Spannung verspüre ... Ich drücke fest und fester ... registriere die Spannung ... uuuund ...

entspanne ... Ich lasse los und beobachte den unterschiedlichen Eindruck ...

Diesmal beuge ich die Füße in Richtung Gesicht ... Ich spüre die Spannung im Bereich der Schienbeine ... Die Zehen drücke ich möglichst weit nach oben ...

Ich entspanne und merke den Unterschied ...

Nun presse ich die Zehen beider Füße jeweils fest zusammen und spüre die Anspannung …

Ich lasse los … Die Zehen entspannen sich … Füße und Zehen werden ganz warm … Ich bleibe für einige Zeit entspannt …

Lange Ruhepause …

Der ganze Körper ist jetzt warm und schwer … Ich genieße diesen Zustand … Ich erlebe, wie die Entspannung noch tiefer wird … Ich entspanne Zehen, Füße, Unterschenkel, Knie, Oberschenkel, Gesäß und Hüften … Ich spüre die Schwere meines Unterkörpers, während sich die Entspannung weiter ausdehnt … Sie breitet sich weiter aus auf Bauch und Kreuz, ich lasse mich mehr und mehr gehen … Ich fühle die Entspannung, sie erreicht meinen Rücken, meine Brust, meine Schultern, meine Arme bis in die Fingerspitzen … Die Entspannung ist ganz tief geworden … Sie breitet sich weiter aus … Die Spannungsgefühle im Mund-/Halsbereich lösen sich völlig auf … Ich entspanne meinen Nacken, meinen Kiefer und die übrigen Gesichtsmuskeln … Es tut mir gut, meine Augen geschlossen zu halten, ruhig zu atmen und von meiner Umgebung nichts zu registrieren …

Ich genieße meine Ruhe und versinke ganz in der Entspannung … Ich stelle mir vor, wie es mir widerstrebt, jetzt den rechten Arm zu heben … Ich überprüfe bei dieser Vorstellung, ob meine Muskulatur irgendwo noch verspannt ist, und löse auch diese Verspannung … Ich hebe meinen Arm nun nicht, sondern bleibe tief entspannt … Ich genieße die völlige Ruhe …
Nach einiger Zeit (ca. 3 Minuten der völligen Ruhe):

Ich nehme die Übung jetzt zurück:

Laut zählen: 5 … 4 … 3 … 2 … 1 …

Arme fest ... tief durchatmen, recken und strecken wie eine Katze, ganz zum Schluß die Augen auf – ich fühle mich angenehm locker und entspannt."

Diese Übungsrücknahme gilt für alle nachfolgenden Entspannungsübungen. Sie ist zwingend erforderlich, es sei denn, Sie möchten nach der Entspannung einschlafen.

Die Erklärung dafür ist relativ einfach: während der tiefen Entspannung sackt der Kreislauf etwas ab. Wenn Sie nun zu ruckartig aufstehen bzw. zuerst die Augen öffnen, kann Schwindel eintreten. Sofern Sie sich an die Rücknahmeregeln halten, kann gar nichts passieren.

Es gibt praktisch keine Kontraindikationen (hier: Krankheiten, die der Anwendung von Entspannungsübungen entgegenstehen würden). Im Gegenteil: Die Progressive Muskelentspannung und das Autogene Training sind bei fast allen Herzinfarkt- und Schlaganfall-Patienten im Rahmen der Reha-Maßnahmen unerläßlich. Selbst bei Anfallsleiden wird darauf zurückgegriffen.

Sie müssen aber nicht unbedingt krank sein. Regelmäßig angewendet, beugen Sie Erkrankungen vor und sind ingesamt streßresistenter und ausgeglichener.

Speziell zum Thema Angst habe ich mit der Progressiven Muskelentspannung die besten Erfahrungen gemacht. Die Übung ist leicht erlernbar, gut nachzuvollziehen, und es stellen sich schnell erste Erfolge ein.
Noch ein Tip: Bei der Muskelanspannung sollten Sie nicht übertreiben. Sie sollen die Spannung deutlich spüren, doch schmerzhaft soll sie nicht sein. Es ist nicht nötig, daß Sie Muskelkater bekommen. Gleichwohl können sich in der Übungsphase unter Umständen bestehende Beschwerden verschlimmern.

Das ist aber nicht schlimm und verschwindet in der Regel wieder.

Viel Spaß bei der Anwendung!

Die nächste Entspannungsübung, die ich Ihnen vorstellen möchte, ist die *Konzentrative Entspannung*: Sie brauchen nichts aktiv zu tun, sondern arbeiten mit Ihrer Vorstellungskraft. Die systematische Entspannung aller Körpermuskeln wie bei der progressiven Muskelentspannung wird angestrebt, nur eben gedanklich. Beispielsweise geht der Übende gedanklich in die rechte Hand. Nach einer Ruhephase stellt er sich nun vor, wie sich die Hand entspannt, usw.

Sinnvollerweise übernehmen Sie von der Progressiven Muskelentspannung die lange Ruhephase am Schluß der Übung sowie immer die Rücknahme.

Die muskuläre Entspannung in gedanklicher Form

Bei dieser Übung werden alle Muskeln des Körpers angesprochen. Der Unterschied zur Progressiven Muskelentspannung besteht darin, daß die Muskeln nicht aktiv, sondern in Gedanken angesprochen werden. Der Vorstellungskraft kommt hierbei große Bedeutung zu, ebenfalls der Konzentration..
Nach der Vorbereitungsphase folgt der Text:

"Ich bereite mich innerlich auf die Entspannung vor … Ich lege mich ganz ruhig und locker hin und schalte ab … Ich lasse die Sorgen des Alltags hinter mir … Ich genieße einfach die Ruhe und gehe in Gedanken ganz in meinen Körper hinein … Ich stelle mir ein Ruhebild vor und atme ganz tief und gleichmäßig, ohne den natürlichen Rhythmus zu verändern … Ich beobachte eine Zeit lang meinen Atem … Ich werde jetzt alle Muskeln nacheinander durchgehen und versuchen, sie durch reine Vorstellungskraft zu lockern und zu entspannen ...

Ich gehe nun in Gedanken in die rechte Hand ...

Ich lasse meine Fingerspitzen ganz entspannt und schwer auf die Unterlage sinken ... Den Daumen, den Zeigefinger, den Mittelfinger, den Ringfinger und den kleinen Finger ganz schwer und entspannt werden lassen ... Ich lasse dann auch die Handinnenfläche ganz schwer und entspannt werden ...

Ich gehe nun in Gedanken in die linke Hand ...

Ich lasse die linke Hand ganz entspannt und schwer auf die Unterlage sinken ... Den Daumen, den Zeigefinger, den Mittelfinger, den Ringfinger und den kleinen Finger ganz schwer und entspannt werden lassen ... Ich lasse dann auch die Handinnenfläche ganz schwer und entspannt werden ... Beide Hände liegen jetzt locker und schwer und entspannt auf der Unterlage ...

Ich konzentriere mich nun auf beide Unterarme ...

Ich lasse die Unterarme schwer und entspannt nach unten sinken ...

Ich stelle mir dann meine Oberarme vor ...

Ich lasse auch diese locker und schwer auf die Unterlage sinken ...

Ich gehe dann in Gedanken weiter in den Schulterbereich ...

Ich lasse meine Schultern breit, rund und schwer auf die Unterlage sinken ...

Ich gehe in Gedanken nun weiter zum Nacken ...

Ich lasse auch diesen locker und schwer werden ...

Ich gehe dann in die Rückenmuskulatur ...

Ich lasse auch die Rückenmuskulatur ganz locker und schwer werden ...

Ich gehe dann weiter in das Gesicht ...

Ich lasse die Gesichtsmuskeln locker wegsinken.. ganz locker und entspannt werden die Stirn, die Wangen, die Mundpartie ...

Ich gehe dann weiter in die Brustmuskeln ...

Ich lasse die Brustmuskeln breit und schwer nach unten wegsinken ...

Ich gehe in Gedanken weiter zum Bauchraum ...

Ich lasse den Bauch locker und entspannt nach unten sinken ...

Ich gehe jetzt weiter in die Gesäßmuskulatur ...
Ich lasse auch diese locker und schwer und entspannt auf meine Unterlage sinken ...

Ich gehe jetzt weiter in die Oberschenkelmuskulatur ...

Ich lasse die großen Muskeln schwer nach unten wegsinken ...

Ich gehe dann weiter in die Unterschenkel ...

Ich lasse die Unterschenkel schön locker und schwer werden ...

Ich gehe zuletzt weiter in die Füße …

Ich lasse die Füße ganz locker und entspannt werden bis hin zu den Zehen … "

Ab hier: Schlußtext der Progressiven Muskelentspannung. Sie werden sehen: es funktioniert!

Viel Spaß!

Autogenes Training

Dieses von dem deutschen Psychiater Schultz entwickelte Entspannungstraining ist hervorragend geeignet, das Grundanspannungsniveau niedrig zu halten. Seine Stärken liegen in der praktischen Anwendbarkeit und in seiner Langzeitwirkung. Dies gelingt natürlich nur bei regelmäßigem Üben.

Autogenes Training schult die Vorstellungskraft und sorgt für einen Ausgleich des vegetativen Nervensystems. Sein Erfinder meinte: Autogenes Training macht gelassen, aber nicht gleichgültig.
Ich möchte ehrlich sein: Autogenes Training liegt mir nicht. Damit stelle ich jedoch überhaupt nicht in Frage, wie vielen Menschen gerade diese Entspannungsübung geholfen hat, ihre Gelassenheit zu schulen.

Ich bevorzuge eine Mischung zwischen der Progressiven Muskelentspannung und Autogenem Training und erziele damit sehr gute Ergebnisse.

Wichtig ist, einfach nur selbständig zu werden und auf seine jeweiligen individuellen Bedürfnisse zu hören.

Sonstige Entspannungsübungen

Mit Yoga, Qui Gong, Tai Chi, Tao Yoga und vielen anderen Entspannungsübungen habe ich keine Erfahrungen. Mir ist aber aufgefallen, daß sich fast alle Entspannungsübungen in der Literatur gegenseitig respektieren und aufeinander hinweisen.

Ich möchte durchaus noch andere Formen der Entspannung kennenlernen.

Entspannen mit Musik

Je nach Lust und Laune lege ich mich oder setze mich auf eine bequeme Unterlage.
Meist setze ich einen Kopfhörer auf. Ich kann dann herrlich die Seele baumeln lassen und arbeite mit Vorstellungsbildern.

Ganz bewußt gebe ich keine Musiktips. Die Vielfalt ist groß und die Geschmäcker unterschiedlich. Ich denke, ruhige Musik, ganz gleich, ob Klassik, Pop oder spezielle Entspannungsmusik ist hierfür am besten geeignet. Experimentieren Sie, es lohnt sich!

Atemübungen

Im Bereich der Angstproblematik kommt dem Atem eine besondere Bedeutung zu. Bei einem akuten Angstanfall bzw. einer Panikattacke wird die Atmung schneller, wobei das Ausatmen meist vernachlässigt wird. Bei vielen Menschen kommt es zur Hyperventilation, bei der die Hände und Füße stark kribbeln können und die Angst dadurch noch geschürt wird. Oft kommt es zu Blähungen mit starken Stichen im Bauchraum. Einfache Maßnahmen wie z.B. in eine Tüte zu atmen und verbrauchte Atemluft erneut aufzunehmen (Hyperventilierer haben zuviel

Sauerstoff im Blut) oder bewußtes tiefes Ausatmen können zu einer Senkung der Anspannung führen.

Eine Übung hat sich für mich in der Praxis als sehr wirkungsvoll erwiesen:

Nach dem Ausatmen halte ich die Luft für ca. 6 Sekunden an; ich zähle dabei 21,22,23,24,25,26 … und atme dann langsam aus. Die Übung dauert etwa 3 Minuten. Ich bin dann spürbar ruhiger.[13]

Ich achte jetzt besser auf meine Körperhaltung. Manchmal, wenn ich am Schreitisch sitze, ertappe ich mich bei einer so schiefen Haltung, daß ich mich frage, wie der Atem überhaupt noch fließen kann. Er kann es nicht. Ich korrigiere dann, oft mehrere Male. Die verbesserte Atmung wirkt sich auf den ganzen Körper aus.

Viele Volkshochschulen bieten in ihrem Programm spezielle Atemübungen an. Ich bin davon überzeugt, daß der Atem eine fundamentale Bedeutung für den menschlichen Organismus hat.

Nutzen Sie die Angebote!

An dieser Stelle ein Hinweis:

Vielleicht hat der eine oder andere gedacht: "Mann, Roland hat so lange Entspannungsübungen an der VHS gelehrt, wie konnte er da selbst krank werden!?"

Die Antwort ist nicht ganz einfach, und doch: Wird nicht auch mal ein Arzt krank, und hat nicht auch mal ein Zahnarzt Zahnschmerzen? Natürlich.

---

[13] Vgl.: Doris Wolf, *Ängste verstehen und überwinden.*

Möglicherweise bin ich gerade mit oder nach meiner Angsterkrankung ein wesentlich besserer Trainer als vorher, da ich mich
viel besser in die Übenden einfühlen kann, ohne die notwendige
kritische Distanz zu verlieren.

GESTALTTHERAPIE

Ich gebe es ganz ehrlich zu: Ich konnte mich mit diesem Wort
nicht anfreunden, war voller Vorurteile. Basteln für "Gestörte",
dachte ich verächtlich. Hinzu kam, daß ich in meiner schuli-
schen Laufbahn im Fach Werken bzw. Malen nie über ein "Be-
friedigend" hinausgekommen war.

Doch darum ging es gar nicht. Eher stand die Entspannung im
Vordergrund. Einige Zeit verrann, bis ich kapierte, nicht die
Leistung war das Ziel, sondern das Streicheln der Seele. Am
Schluß einer Sitzung (Töpfern, Seidenmalen, Malen nach Musik
usw.) war niemand da, der mich benotete und sagte: "Das ist
aber ein schönes Stück." Vielmehr wurde ich gefragt, ob ich
entspannt hätte und wie es mir dabei erging.

Ein völlig neues Gefühl!
Ich male heute noch mit Pastellkreide, und es macht mir sehr
viel Spaß. Mir geht es wirklich nicht mehr um Leistung. Er-
staunt stelle ich fest, daß dann schöne Kunstwerke dabei heraus-
kommen, wenn der Leistungsdruck niedrig ist.

Gestalttherapie ist eine gute Übung für leistungs- und zu stark
zielorientierte Menschen. Sie läßt einem nämlich seine eigenen
Zieldefinitionen in einem anderen Licht sehen, und eigene Ver-
krampfungen und verfestigte Sichtweisen lösen sich häufig.

SPORT

Allgemein ist Sport gut geeignet, sich körperlich zu entspannen. Vernünftig betrieben, hat er gute Auswirkungen auf das Herz-Kreislaufsystem und ist ein Streßkiller par excellence.

Erinnern Sie sich an das Kapitel *Biochemische Prozesse*: Die bereitgestellte Energie des Körpers kann bis zu 36 Stunden nach einer Streßsituation abgeführt werden. So kann ein Waldlauf nach einem anstrengenden Tag "Wunder" wirken und zur allgemeinen Ausgeglichenheit beitragen.

Die Sportart ist individuell wählbar und hängt von den jeweiligen Neigungen und Interessen des Einzelnen ab. Mir hat Joggen, Fußball, Tennis und Tischtennis gut getan. Schwimmen ist auch nicht zu verachten. Grundsätzlich bevorzuge ich Sport in der Gruppe.[14]

SAUNA

Ich liebe diesen Kontrast zwischen Wärme und Kälte, besonders wenn ich mich vorher körperlich bewegt habe.

Mir kommt es nicht auf möglichst viele Saunagänge an, sondern darauf, in Abstimmung mit der inneren Uhr zu schwitzen, anschließendes Wechselduschen und genügend Ruhe zwischen den Gängen. Ein Besuch im Solarium – besonders im Winter – wirkt oft Wunder. Maßvoll und ohne Hektik betrieben, ist Saunen Balsam für die Seele.

Sauna hat auch etwas mit Reinigung zu tun. Der Schweiß treibt Giftstoffe aus dem Körper und befreit ihn von schädlichem

---

[14] Vgl. dazu auch das später folgende Kapitel *Angst und Sport* in diesem Buch.

Ballast. Darüber hinaus ist regelmäßiges Saunen ein bewährtes Mittel zur Abhärtung und zur Stärkung von Immunsystem, Herz und Kreislauf.

Ich nehme mir für einen Saunabesuch ca. 3 Stunden Zeit. Danach fühle ich mich richtig wohl und schlafe nachts sehr gut.

Angst tritt bei mir während des Saunens so gut wie nie auf.

Dennoch sollten Sie bei Zweifeln stets Rücksprache mit Ihrem Arzt oder Therapeuten halten.

Leute, die regelmäßig in die Sauna gehen, suchen u.a. die Geselligkeit. Einerseits wird die Ruhe des Anderen respektiert, andererseits entwickeln sich oft interessante Gespräche, bei denen man vom Alltagstrott ein wenig Abstand nehmen und abschalten kann.

KÖRPERPFLEGE

Körperpflege ist ein Teil des Sich-Selbst-Mögens. Auch hier geht es um ein gesundes Maß und nicht etwa um mehrmaliges Duschen am Tag inklusive Kopfwäsche, also *nicht* um ein penibel betriebenes Reinigen des Körpers, das leicht zum Waschzwang ausartet.

Bewußtes In-die-Länge-Ziehen und Verwöhnen und Genießen ist das Ziel. Das Einseifen, das perlende Wasser spüren, einen Geruch wahrnehmen oder eine wohltuende Körperlotion in die Haut einreiben sind Pflegemaßnahmen, die dem gesamten Organismus das Gefühl geben, gemocht zu werden. Oft breitet sich dann ein herrliches Prickeln über den ganzen Körper aus.

Die Einstellung zu meinem Körper ist auch hier von großer Bedeutung. Allein ich entscheide, ob Zähneputzen, Rasieren, Nägelschneiden lästig sind oder einfach ein Beitrag zum Gut-*Fühlen*.

Ein Fußbad nach einem schweren Arbeitstag wirkt oft Wunder. Danach einreiben, mit einem Tennisball die Fußsohlen massieren ... Da kann ich richtig ins Schwärmen geraten.

Überhaupt die Füße – ganz weit unten – werden sehr oft vernachlässigt, obwohl doch bekannt ist, daß der Fußpflege große Bedeutung zukommt.

Die Liebe heilt die Menschen. Sowohl jene, die sie geben,
als auch jene, die sie empfangen.

Karl Menninger

LIEBEVOLLE BEZIEHUNGEN

Mit dem Partner

Ich mache kein Hehl daraus – ich bin ein klarer Befürworter der Ehe. Allerdings habe ich diese Zweierpartnerschaft im Laufe der Jahre anders definiert: *In guten wie in schlechten Tagen* ist für mich kein fauler Spruch, sondern der Schlüssel für eine dauerhafte, glückliche Partnerschaft.

Sicher – das Kribbeln beim ersten Kennenlernen und die Neugier auf einen neuen Menschen können nachlassen. Vielleicht hat man sogar das Gefühl, etwas versäumt zu haben. Ehepartner streiten, wollen sich behaupten. Manchmal geht es nur ums Prinzip.
Doch gleich bei der ersten Flaute das Schiff verlassen?

Nein!!! Entdecken, wie das Kribbeln neu entsteht, wie selbst langjährige Partner noch dazulernen können. Wie beiderseitig Freiräume entstehen und Bedürfnisse geäußert und realisiert werden dürfen.

Spüren, wie die Sexualität mit zunehmendem Alter immer schöner wird.

Sich gegenseitig anlehnen, trösten, bestärken, Mut zusprechen und trotzdem dem Anderen Räume zur Selbstentfaltung geben.

Miteinander reden, aber richtig: vorwurfsfrei, Klartext, ohne Schuldzuweisungen. Das Miteinander-Reden-Können hat etliche Krisen in meiner Ehe gemeistert. Viele meinen, ein Konflikt müsse immer so enden, daß irgendeiner die "Schuld" übernimmt. Derjenige, der sie übernimmt, wird nicht eher ruhen, bis er seinerseits seinem Partner eine Schuld zuweisen kann.

Ich möchte keine Ehetips geben, sondern einfach nur "rüberbringen", daß die Partnerschaft in der Ehe eine starke Kraftquelle ist. Sie zu erhalten lohnt sich. Meine Frau hat zu mir gehalten, auch wenn meine ständigen Hochs und Tiefs nicht einfach zu ertragen waren, und dafür danke ich ihr.

Partnerschaft mit den Kindern

Ich wurde sehr jung Vater – mit 23 Jahren. Ich würde es genau noch einmal genau so wollen, wenn ich dies entscheiden könnte.

Kinder sind wertvoll. Ich kann von ihnen lernen und in einen Spiegel sehen. Kinder sind nicht ungezogen, wenn sie Reibung mit den Eltern suchen. Die Reibung ist wichtig für deren Eigenentwicklung.

Kinder sind nicht für die Eltern geboren. Sie haben eine faire, partnerschaftliche Erziehung verdient, wobei Grenzen absolut notwendig sind.

Ich bin stolz, mit 40 schon so große Kinder zu haben. Ich sage aber auch ganz klar, daß ich keine kleinen Kinder mehr möchte. Nicht, weil ich kleine Kinder nicht gernhätte, sondern weil ich etwas von der Verantwortung, die ich zwei Jahrzehnte getragen habe, abgeben will. Das hat nichts mit Wegstoßen zu tun. Vielmehr freue ich mich, jetzt wieder mehr Zeit und Möglichkeiten zur Freizeitgestaltung mit meiner Frau zu haben.

Bedenken Sie: irgendwann sind die Kinder aus dem Haus, leben ihr eigenes Leben – und dann???

Die Freundschaft ist wie ein Baum,
unter dem wir Schutz finden.
S.T. Coleridge

Ein guter Freund – eine gute Freundin

Nie war er (sie) so wertvoll wie heute!

In einer Zeit der Ellenbogengesellschaft, des Mißtrauens und
der Konkurrenz habe ich zwei engere Freunde schätzen gelernt.
Ob es sich um einen gleichgeschlechtlichen Freund oder eine
Freundin handelt , ist eigentlich völlig egal. Ich halte es für
befreiend und wertvoll, sich nicht nur seinem Partner anvertrau-
en zu können. Einmal mit ihm (ihr)wegzugehen, eine Pizza zu
essen oder ein Bier zu trinken und dabei stundenlang zu quat-
schen. Alles teilen zu können, Freude und Sorgen, Lachen und
Weinen. Ein Gespür dafür zu entwickeln, wann der andere mich
braucht und umgekehrt. Zu fühlen, wann ich besser einfach nur
zuhöre.

Eine solche Freundschaft ist ein kostbares Gut, das gepflegt
werden muß. Lohnen tut es sich allemal.

Herzlich und höflich sein

Ich war früher sehr auf Distanz bedacht. Selbst nähere Bekannte, die mich umarmten, hielt ich letztlich noch einige Zentimeter
entfernt. Cliquen, in denen sich die Mitglieder bei der Begrü-
ßung und beim Abschied küßten, belächelte ich.

Nach und nach hat sich meine Gefühlswelt geändert. Wenn ich heute jemanden umarme, dann voll und ganz, ohne Abstand. Das heißt nicht, daß ich jetzt alle Menschen küsse, ich bin nur einfach herzlicher geworden. Herzlich sein geht allerdings nicht von heute auf morgen, es ist eine kontinuierliche Übungssache. Herzlich sein kommt von Herzen und bedeutet nichts anderes, als die Menschen zu lieben, wie sie sind, ohne sie ändern zu wollen. Liebe nimmt den Druck und macht den Bauch frei.

Im Grunde bin ich ein höflicher Mensch. Ich grüße auf der Arbeit und auf der Straße die Leute, die ich kenne. Im Wald beim Spazierengehen grüße ich selbst wildfremde Leute. Die Sache hatte damals nur einen Haken: ich verlangte das von anderen Menschen auch. Wurde meine Gruß nicht erwidert, war ich sauer, zischte "Na, dann halt nicht" oder dachte sogar: *Du Blödian*...

Diese Einstellung ist sicherlich falsch. Natürlich ist es schön, wenn mein Gruß erwidert wird, doch soll das für andere Menschen eine Verpflichtung sein? Vielleicht hängt der andere gerade seinen Gedanken nach oder ist einfach schlecht drauf. Möglicherweise widerstrebt es ihm, fremde Leute grüßen. Das ist sein Recht.

Ich bin weiterhin freundlich zu den Leuten, erwarte aber keine "Gegenleistung" mehr. Ich nehme nicht mehr persönlich, wenn jemand unfreundlich sein will. Es ist seine Sache.

Loslassen bedeutet auch, den Kopf
frei zu bekommen für neue Erfahrungen.
Roland R.

Loslassen

Ich lernte in meinem Leben viele Leute kennen. Einige lernte ich erst auf den zweiten Blick schätzen. Nach dem Kennenlernen, z.b. im Urlaub, hieß es oft wieder Abschied nehmen. Es passierte mir wieder und wieder, daß ich nicht loslassen konnte. Schrieb eine Karte oder rief an, gebunden an die Vorstellung, das müsse der andere auch tun. Dermaßen hohe Erwartungen konnten natürlich nur enttäuscht werden.

Nachdem mir die Frau eines Kollegen nüchtern eröffnet hatte, wir seien ja nett, aber ihr Bekanntenkreis sei zu groß, fing ich an zu überlegen.

Im Grunde genommen hatte sie recht. Die Qualität von Freundschaften oder Bekannten ist nicht abhängig von ihrer Zahl. Du begegnest in deinem Leben vielen Menschen, manche bleiben hängen, andere gehen weiter. Das ist der Lauf der Dinge.

Gut – offen sein für andere Menschen ist okay, nur die Zwangshaltung dabei bringt nichts ein. Im übrigen glaube ich mittlerweile daran, daß ich von allen Personen, denn ich begegne, etwas lernen kann (soll) und umgekehrt.

Aus diesem Blickwinkel betrachtet, ergibt das Loslassen einen nachvollziehbaren Sinn.

*Wenn du einem Anderen vergibst,
hast du den größten Nutzen davon.*
Unbekannt

Mit Haßpersonen ins Reine kommen

Wenn ich mir Personen, die ich hasse, täglich neu in Erinnerung rufe, messe ich ihnen in meinem Leben zu große Bedeutung zu. Eigentlich müßte ich ihnen danken. Sie begegnen mir ebenfalls nur, um mich etwas zu lehren. Denn gerade diese Personen zeigen mir ganz deutlich, wo meine Defizite liegen.

Ich kann zwar denken, der "böse Chef" und der "knallharte Politiker" hätten mit zu meiner Angst beigetragen; ob mir diese Gedanken weiterhelfen, stelle ich allerdings sehr in Frage. Sobald ich meine Lektion gelernt habe, treffe ich solch "böse" Zeitgenossen seltener, wenn nicht, ändern sich nur ihre Gesichter. Du triffst sie wieder.

Ich sollte diesen Menschen danken oder gar für sie beten, weil sie meine Lebenserfahrung bereichert haben.

Ihnen zu verzeihen ist wahre Liebe.

> Wir, ohne Wissen von uns selbst, erbitten oft den eigenen
> Schaden, den weise Mächte uns zum Wohl verweigern.
>
> *William Shakespeare*

Das Gebet

Ich habe eine innige Beziehung zu Gott, insbesondere zu der Person Jesus Christus. Dennoch bemerke ich ab und zu, wie Zweifel die Oberhand über meinen Glauben gewinnen. Ich gehe dann spontan in die Kirche, um zu beten und meinen Glauben zu erneuern bzw. zu festigen. Ich zünde eine Kerze an und danke Gott für das, was ich bisher schon erreicht habe.

Ich lege Wert darauf, zu Jesus Christus auch dann zu sprechen, wenn es mir *gut* geht.

Folgendes Gebet habe ich für mich selbst geschrieben:

DU, HERR, BIST MEIN GOTT.
Du bist bei mir und ich bin ein Teil von Dir,
Deine Kraft durchströmt meinen ganzen Körper und gibt mir Stärke und Halt,
Meine positiven Gedanken bringen mir mehr Gesundheit, Lebensfreude
und Erfolg,
Ich habe keine Angst, denn ich weiß, daß ich innerlich geführt werde,
Ich bete für meine Mitmenschen und lebe mit ihnen in Harmonie,
Ich bete auch für meine Gesundheit,
Für das Zusammenwirken zwischen Körper, Seele und Geist,
Ich weiß, daß die Heilung schon eingesetzt hat, indem ich Dich darum bitte,
Ich bete für einen Glauben, der so groß ist wie ein Senfkorn, denn damit kann
ich Berge versetzen.[15]
St. Ingbert, 1992

---

[15] Vgl.: Joseph Murphy: *Das Wunder Ihres Geistes*, sowie den *23. Psalm der Bibel.*

NOCH EIN PAAR ANREGUNGEN
Etwas ausprobieren – "verrückte" Dinge tun

Möglichkeiten:

- genießen, z.b. Sauna, 1 x die Woche ins Café, frühstücken
- etwas nur für sich tun, z.b. Kino, Yogakurs
- Outfit, z.b. neue Frisur, ein ausgefallenes Kleidungsstück, blaue Fingernägel
- mal nicht um 12 Uhr essen, Teilzeit arbeiten
- usw.

Mit *verrückte Dinge tun* ist nicht gemeint, etwas zu tun, das andere schädigt oder selbst (noch) nicht verarbeitet werden kann. Sondern:

Das Leben gemäß unseren jahrelang eingeübten Einstellungen kann unter Umständen sehr beengend und inflexibel sein. Genau hier gilt es, seinen Horizont zu erweitern für neue Gedanken und Verhaltensweisen, die einem am Anfang sehr ungewöhnlich vorkommen mögen. Die Verstellung des Blickwinkels um einige Grad kann hier schon eine enorme Wirkung ausüben.

Ich wunderte mich am Anfang, wenn mein Umfeld darauf zunächst ansprang. Sprüche wie *Jetzt ist er wohl völlig übergeschnappt!* ergossen sich über mich.

Allerdings ist der Umgang mit solchen Äußerungen eine gute Trainingseinheit. Ich sehe, wie weit mein Selbstbewußtsein gestiegen ist oder sich verfestigt hat.

Ich weiß ja – nichts geschieht aus Zufall. Alles, was mir widerfährt, stellt mich auf die Probe, wie weit ich schon bin.

ANGSTBEWÄLTIGUNG – VORSICHT, GLATTEIS!
Die Stufen der Angstbewältigung

Ist es nicht seltsam? Kurz bevor ich zu diesem Kapitel gelangte, bekam ich einen Rückfall. Kaum merklich und schleichend nahm die Angst überhand, nächtliches Zucken stellte sich ein, und ich begann wieder zu vermeiden. Was war passiert? Stand ich nun wieder mit leeren Händen da? Ich stellte die Arbeit an meinem Buch vorläufig ein und horchte in mich hinein.

Ich war plötzlich unzufrieden mit meinem Buch, zweifelte, ob ich überhaupt schon so weit war, wie ich es beschrieb. Ich redete mir ein, das Buch werde ja ohnehin niemand lesen, warf mir unberechtigterweise vor, den Pfad der Hilfe zur Selbsthilfe verlassen und zu viel Bücherwissen präsentiert zu haben.

Da war es wieder, das alte Problem. Durch meine Vorbildung im Bereich Verhaltenstraining (Streß und Kommunikation) stand ich mir selbst im Weg. Erst ein Heilpraktiker, den ich kennenlernte, machte mir wieder Mut, mein Wissen nicht als Hindernis zu betrachten, sondern zu lernen, es für mich folgerichtig einzusetzen. Von diesem Zeitpunkt an ging es mir wieder besser.

Hinzugekommen war, daß ich mit zunehmenden Fortschritten erwartet hatte, die Angst möge jetzt doch bitte ganz verschwinden. Ich weiß es nicht – vielleicht war ich noch nicht soweit, wollte zu früh zu viel. Katastrophen begannen wieder im Kopf zu kreisen.

Ich begann einen Schritt weiterzugehen. Ich verzichtete in der Fastenzeit gänzlich auf Alkohol. Die Fortschritte wurden ehrlicher. Zwar trank ich nicht übermäßig, aber doch regelmäßig. Ich setzte den Alkohol zeitweise "taktisch" ein.

Ich lernte, daß Verzicht – wenn auch nur auf Zeit – freier macht. Ich wurde zunehmend stolz auf mich. Unterstützt von meiner Frau, ging ich in Situationen, in die ich mich bisher nicht getraut hatte.

Die Nebenwirkungen wie leichtes Zittern in den Beinen, Zuckungen und unregelmäßige Atmung nahm ich dabei in Kauf. Ich redete mir ein, ja sprach zu mir: *Das muß so sein*; meinen Stop-Satz wendete ich immer dann an, wenn die gedanklichen Katastrophen in meinem Kopf anfingen.

Noch etwas wurde mir bewußt: ich hatte Angst vor dem Tod, das war mein Kernproblem. Das Schockerlebnis, als Polizist im Einsatz zu erleben, wie eine frühere Schulfreundin mit 36 Jahren einfach – scheinbar ohne Grund – verstarb, hatte sich in mir eingebrannt. Fielen mir Todesanzeigen von Personen meines Alters in die Hand, geriet ich in panische Angst. *Bitte nicht ich, bitte nicht jetzt schon*, hämmerte es in meinem Hirn.

An diesem Problem arbeite ich zur Zeit.

Die 5 Phasen des Umlernens

In ihrem Buch *Ängste verstehen und überwinden* zeigt Doris Wolf 5 Stufen der Angstbewältigung, die sehr gut zu vergleichen sind mit den Fortschritten beim Erlernen einer Fremdsprache.

1. Die geistige Einsicht
Der erste und leichteste Schritt ist die geistige Einsicht.
Ich weiß theoretisch, wie ich anders denken und mich verhalten muß, und habe die Bewertung einer Situation korrigiert. Ich bewerte die Situation nun so, wie es der Situation entspricht – weder übertrieben positiv noch übertrieben negativ. Ich bewerte

die Situation aus der Sicht eines erwachsenen Menschen. Beim Sprachenlernen ist das die Phase des Vokabellernens.

2. Übung, Übung, Übung

Ich denke meine neuen Gedanken, die ich mir durch Überprüfung in Phase 1 erarbeitet habe, und verhalte mich gemäß meiner neuen Bewertung. Ich stelle mir im Geiste vor, wie ich mich gemäß meiner neuen Bewertung verhalte.

Beim Sprachenlernen ist das die Phase, in der ich sprechen übe oder mir im Geiste vorstelle, mit jemandem in der neuen Sprache zu sprechen.

3. Widerspruch zwischen Kopf und Bauch

Diese Stufe ist die schwierigste Stufe. Wenn jemand seine Therapie abbricht, dann an diesem Punkt.

Ich denke meine neuen Gedanken, bewerte die Situation entsprechend der Realität, verhalte mich entsprechend meiner neuen Einstellung und habe dennoch mein altes negatives Gefühl.

Ich habe den Eindruck, als würde ich mir etwas einreden. Und das stimmt: Ich rede mir etwas ein, was ich bis jetzt anders gesehen habe.

Aber der Begriff "Einreden" hat den Beigeschmack von "etwas *Falsches* einreden"; und das ist nicht korrekt.

Es ist ja gerade mein Ziel, die Welt möglichst mit den Augen zu sehen, wie sie wirklich ist , also nicht übertrieben positiv und nicht: übertrieben negativ. Der Eindruck, daß ich mir etwas einrede, entsteht, weil ich mir zuvor etwas Falsches eingeredet habe, das ich jetzt korrigieren möchte.

In dieser Phase muß also ein Widerspruch zwischen Kopf und Bauch eintreten. Nur dann ist ein Fortschritt gemacht und feststellbar. Nur Mut und Geduld! Mein Körper kann gar nicht anders, als mit der Zeit gemäß der neuen Bewertung zu reagieren. Ich muß nur genügend häufig meine neue Bewertung denken und mich danach verhalten, dann komme ich zur 4. Phase.

Der Erfolg ist garantiert, wenn ich gewillt bin, ohne Drogen an mir zu arbeiten, und lernfähig bin, d.h. Üben, Üben, Üben.

Wie schnell der Erfolg eintritt, kann niemand sagen. Es hängt von der Dauer der Gewohnheit und der Häufigkeit meines Übens ab. Aber – es wird gelingen.

Beim Sprachenlernen erlebe ich in dieser Phase, daß ich zwar die Redewendungen der neuen Sprache anwende, aber den Eindruck habe, sie stimmten nicht, und ich müßte mich in Deutsch ausdrücken.

4. Kopf und Bauch stimmen überein

Jetzt bin ich kurz vor dem Ziel. Langsam lassen meine alten Gefühle nach, und mein Körper reagiert stimmig zu meiner neuen Bewertung. Ich bin mir meiner neuen Gedanken noch bewußt.

Bei Sprachenlernen ist das die Phase, wo ich den Eindruck habe, die neue Sprache paßt und ich kann mich gut mit ihr ausdrücken. Ich bin *mir* aber noch bewußt, daß ich die neue Sprache einsetze.

5. Neue Gewohnheit

Der Kampf ist gewonnen. Ich denke automatisch die richtige Bewertung und verhalte und fühle mich entsprechend. Eine neue Reaktionsgewohnheit ist entwickelt.

Beim Sprachenlernen denke ich nun auch in der neuen Sprache, ohne daß es mir bewußt ist.[16]

Selbstzweifel

Insbesondere die 3. Phase, bei der Kopf und Bauch nicht übereinstimmen, erlebte ich gerade, als ich dieses Buch schrieb. Ich bemitleidete mich selbst: *Ich habe doch soviel getan, warum*

---

[16] Vgl.: Doris Wolf: *Ängste verstehen und überwinden.*

werde ich jetzt nicht belohnt? Die Folge war, daß ich erneut mein Verhalten und meine Einstellungen prüfte bzw. festigte.

Ferner beschäftigte mich die Frage, ob ich denn wohl auf dem richtigen Weg sei. Die Suche einer Antwort auf diese Frage verbraucht allerdings zu viel Energie und hält die Angst aufrecht. Zudem wird es nie eine 100-prozentige Sicherheit geben, daß die Dinge, die man befürchtet, nicht eintreten. Nur – sie sind eben unwahrscheinlich.

Hilfe gibt mir der Appell (laut gesprochen): "Halt durch, das Ziel (die 4. Phase) ist nahe, es dauert nicht mehr lange."

Überhaupt sind liebevolle positive Selbstgespräche ein wirksames Mittel des geänderten Umganges mit sich selbst.

Eine Sache ist nicht vorüber,
ehe sie nicht wirklich vorüber ist.
Yogi Berra

Stillstand – Rückschritt – Fortschritt

Bei meinen Bestrebungen, meine Angst zu bewältigen, gab es einige Momente des Stillstandes und des Rückschrittes. Das ist normal. Neue Aufgaben, Todesfälle in der Familie und beruflicher Streß können neue Angst auslösen. Allerdings wird diese Angst nicht so lange anhalten wie zuvor, einfach weil der Umgang mit der Angst erprobt und bereits als positiv erfahren wurde.

Positiv formuliert, gibt es ohne Rückschritte und Stillstand auch keine Fortschritte. So, wie beim Wetter auf ein Hoch unweigerlich ein Tief folgt, ja beide sich gegenseitig brauchen, wird die Angstbewältigung verlaufen. Wie im richtigen Leben!

Ich stelle mir einfach vor, ich machte einen Waldlauf. Die Steigung nimmt kein Ende. Und doch schaffe ich den letzten Anstieg. Unweigerlich wird die nächste Anhöhe kommen, es sei denn, ich will nur ebenerdig laufen. Doch dann bringe ich mich um die Erfahrung, eine Anhöhe bewältigt zu haben.

Krisen sind oft Heilkrisen. Meist meinte ich, das nicht aushalten zu können, und doch ging ich am Ende gestärkt aus der Krise heraus.

Perfektion an sich
ist das größte Hindernis der Heilung.
Roland R.

Perfektion bei der Heilung – Vorsicht!

An dieser Stelle scheint es mir sinnvoll, zu hinterfragen, was überhaupt unter Heilung zu verstehen ist. Meiner Meinung nach ist ein Leben ohne jegliche Angst nicht sinnvoll. Heilung bedeutet im Zusammenhang mit krankhafter Angst, mit der Angst *umgehen* zu können.

Ich habe bereits geschildert, welch hohe Ansprüche ich bisher an mich gestellt hatte. Nach Perfektionismus strebende Menschen sind häufig von Angsterkrankungen betroffen.

Die Gefahr besteht bei diesen Menschen darin, daß sie ihren Perfektionismus auch bei der Angstbewältigung unbewußt anwenden: Generalstabsmäßig wird die Heilung geplant, die Katze beißt sich sozusagen in den Schwanz.

Mir ging es nicht anders. "Diszipliniert" machte ich Fortschritte. Bloß weg mit der Angst, nur verscheuchen! Das klappte natürlich nicht.

Warum? Weil ein entscheidender Punkt wieder zu kurz kam, nämlich die *Akzeptanz* der Angst. Nur durch die Akzeptanz der Angst können Fortschritte gemacht werden.

Ich erinnere mich: Die Angst verschwindet erst dann, wenn sie sicher ist, daß ich sie nicht mehr brauche. Ich lade die Angst ein als vorübergehenden Gast, der mir helfen will.

Äußerungen wie *Wenn es mir erst besser geht, ändere ich mich* sind abwegig. Ich mache dadurch den zweiten Schritt vor dem ersten! Die Angst wird nach und nach verschwinden , wenn ich meine Einstellungen geändert habe.

Geduld statt Perfektion, Humor statt Verbissenheit.

Verhaltensänderung und Umfeld

Verhaltensänderung heißt unter Umständen für den Betroffenen, öfter "Nein" zu sagen und seine Bedürfnisse klar zu benennen. Damit ist nicht die Wandlung vom Paulus zum Saulus gemeint.

Ich war immer der "nette Roland". Nur – viel von dieser Nettigkeit war unecht und aufgesetzt. Heute habe ich mehr Ecken und Kanten, bin aber echter.

Das Umfeld – Familie und Freunde, Kollegen und Bekannte – kann damit oft nicht umgehen, sind eher erschrocken über mein verändertes Verhalten. Sprüche wie "Früher warst du mir lieber" sind keine Seltenheit. Nicht beirren lassen!

Manche Gefühlsäußerungen oder das "Sich-Wehren" sind nicht genügend eingeübt, und es besteht die Gefahr, über das Ziel hinauszuschießen durch Übertreibungen in der Lautstärke oder der Wortwahl. Ich war dann meist erschrocken über mich selbst. Aber das macht nichts. Weiterüben!

Ich bin mir dabei bewußt, daß ich meinem Umfeld zunächst vor den Kopf stoßen werde. Ich habe Verständnis für entsprechende Reaktionen: mein Gegenüber befindet sich dann nämlich automatisch in einem *für ihn* neuen Lernprozeß. Daher kalkuliere ich etwas Zeit ein, damit sich die Leute auf *mich* einstellen können. Und nicht selten öffnet der Prozeß der Veränderung die tolle Möglichkeit, echte Freunde von falschen zu unterscheiden.

Ich danke dann gedanklich oft den "Falschen", daß sie mich durch die entsprechenden Erfahrungen weitergebracht haben.

ANGST UND SPORT

Sport ist sicherlich ein Reizthema. Während die einen sagen: "Sport ist Mord" (*"No sports"*), meinen die anderen, ohne Sport nicht leben zu können.

Ich möchte es anders formulieren: Es kommt darauf an, *wie* Sport betrieben wird. Bei mir stimmte die Mischung nicht: zu ehrgeizig, zu leistungsbetont, zu erfolgsorientiert.

Ich war fast süchtig nach Sport. Ich betrieb Tennis, Tischtennis, Joggen und Fußball. Für meine Fitneß eine durchaus gute Mischung. Nur das v.g. *Wie* stimmte nicht Ich legte mir meine Termine falsch und hörte nicht auf meinen Körper, der mir ab und zu zuflüsterte: *Mach langsam!*

Ich war selten zufrieden. Verlor ich im Tennis nach zwei Stunden Kampf 6:7 im 3. Satz, hätte ich am liebsten aufgehört.

Ich haderte mit mir, anstatt mich anzufeuern. Ich verlor nicht gerne, und viele meiner Doppelkollegen meinten, mit mir zu spielen sei problematisch, weil sie ständig meinen bösen Blick ertragen müßten. Damit hatten sie sicher recht. Ich kritisierte, mochte aber nicht kritisiert werden.

Als sich mir mein Körper verweigerte, war das ein wahrscheinlich heilsamer Schock. Denn in der akuten Phase meiner Angsterkrankung bekam ich sogar Panikattacken während des

Sports. Mein Körper erzwang sich Ruhe (⇨ Funktion der Angst).

Ich machte eine Pause von drei Monaten und begann ganz langsam meinen Körper wieder aufzubauen. Ich fing an mit 5 Minuten Joggen, steigerte langsam.
Meinen bösen Blick konnte ich nur *langsam* ablegen. Aber ich bemühte mich.

Die Auseinandersetzung zwischen altem und neuen Verhalten war mitunter hart. Zusätzlich wurde ich durch meine Sporttherapeuten verunsichert, die mich aufforderten, auf dem Platz mehr Gefühle zu zeigen. Sie meinten damit, Freude und Frust auszudrücken, zu jubeln nach einem schönen Tor oder aber auch "Scheiße!" zu schreien, wenn ich gefrustet war.

War das nicht ein Widerspruch???

Monate vergingen, bis ich wußte, was sie meinten. Wenn ich jubele, baue ich mich damit selbst auf. Das war mir relativ klar.

Nur – wenn ich mich abreagiere, sollte die Aktion dann *gedanklich beendet* sein. Und genau das tat ich nicht. Meist grübelte ich noch ein paar Stunden, manchmal Tage über (scheinbare) Mißerfolge nach.

Dieses Grübeln kostet eine Menge Energie. In diesem Stadium baut Sport nicht auf, sondern ab. Eine Freizeitbeschäftigung wird zum Dauerstreß. Der Streß verlangt wieder nach Erfolg. Und so dreht sich die Spirale immer weiter, immer schneller.

Sport zur Entspannung heißt für mich heute, eins zu sein mit meinem Körper, sich über die Bewegung zu freuen, einen schönen Ballwechsel zu bewundern, beim Laufen die Natur zu sehen, das Duschen zu genießen, danach mit Freunden ein Bier zu trinken.

Ein Schlüsselerlebnis vor drei Jahren hätte mir eigentlich schon zu denken geben müssen. Nach zwei Jahren praktisch ohne Training wurde ich Vereinsmeister im Tischtennis. An diesem Tag brachte mich nichts aus der Ruhe, selbst als ich oft aussichtslos zurücklag.

Ich hatte nicht etwa meine Technik verbessert, sondern war einfach frei im Kopf. Ich traute mich Bälle zu spielen, die ich vorher nicht mal trainiert hatte. Ich war leicht und locker; nichts störte mich, weder Störbälle noch lautes Reden.

Ich hatte meinen Spaß und war mit mir und der Welt zufrieden.

ANGST UND GESELLSCHAFT

Die Sache ist schon seltsam. Kaum hatte ich mich geöffnet, erklärten mir viele Personen sinngemäß: "So oder was ähnliches habe ich auch." Möglicherweise war ein bißchen Flunkern dabei. Doch bezeichnend ist, daß Selbstöffnung beim Gesprächspartner oft Erleichterung, Nachdenken und seinerseits Selbstöffnung nach sich zieht.

Die Angstkrankheit ist weiter verbreitet als bisher angenommen. Ich bin mir sicher, viele sind angstkrank, ohne es zu wissen. Ganze Arztpraxen wären damit zu füllen. Doch es ist bequemer, ein paar Pillen zu verschreiben oder eine Beruhigungsspritze zu geben, als der Ursache auf den Grund zu gehen.

Laut Literatur trifft es Frauen öfter als Männer. Mag sein, daß dies wissenschaftlich belegt ist. Mir kommt jedoch häufig der Gedanke, dies könnte eine trügerische Aussage sein.

Die Rolle des Mannes in der Gesellschaft, geprägt durch die Werbung, läßt kaum Gefühle zu. Ein Macho muß er sein, mit Body, machtbewußt , finanziell erfolgreich und selbstbewußt. Elite ist Trumpf, Durchschnitt ist Massenware! *Ein Mann weint nicht!* und *Ein Indianer kennt keinen Schmerz!* sind die bekannten Erziehungsmuster.

Frauen sind offener. Vielleicht sind viele männliche Alkoholiker in Wirklichkeit Angstkranke, die tägliche reale Anforderung nicht mehr durchstehen und flüchten, weil sie ihre Gefühle verbal nicht ausdrücken können. Und vielleicht sind deshalb viele Frauen krank, weil sie ihren eigenen und fremden Idealen (Männer , Werbung, Idealvorstellungen , insbesondere äußere) nicht entsprechen. Ganze Industriezweige würden kaputt gehen, wenn Frauen ihre Falten plötzlich akzeptierten ...

Vielleicht auch deshalb, weil Frauen miteinander nicht selten sehr verletzend umgehen und jeden Makel der anderen mit spitzer Zunge formulieren.

Wie dem auch sei: die Gründe der Angst und die Möglichkeiten, sie zu bewältigen, müssen wir bei uns selbst suchen. Was wäre z.B., wenn wir einfach aufhörten mit dem allseits verbreiteten Schönheitswahn? Zusätzlich würden wahrscheinlich die Arztpraxen leerer.

Neulich las ich in einer Tageszeitung, daß für Angst- und Depressionstherapien von den Krankenkassen über eine Milliarde DM ausgegeben würden. Der Bericht hatte einen leicht vorwurfsvollen Grundtenor.

Stelle ich diese Zahlen denen gegenüber, die durch Alkohol- und Suchtkranke entstehen, relativieren sich die Kosten erheblich. Übrigens – der Staat verdient auch mit! Nur, das will keiner hören, weder der Staat und schon gar nicht die Ärzte.

Nach wie vor fehlen den psychisch belastenden Berufen wie Lehrer, Polizist, Krankenschwester u.v.a. Supervision und sonstige psychologische Betreuung.

Während große Arbeitgeber bei zunehmender Arbeitslosigkeit immer größere Gewinne einfahren und die Arbeitnehmer mit eben der Arbeitslosigkeit erpressen, merken sie nicht, daß sie selbst und die Arbeitnehmer zunehmend krank werden.

Meine Prognose: Die Leistungsgesellschaft wird eine stete Steigerung psychischer Leiden nach sich ziehen.

Bleibt mir abschließend zu sagen, daß ich mich darüber freue, letztens viele Menschen getroffen zu haben, die wie ich bemüht sind, dem kollektiven Wahnsinn zu entrinnen und in ihrem Leben andere Schwerpunkte zu setzen.

Gott gebe mir die Gelassenheit,
hinzunehmen, was ich nicht ändern kann,
und den Mut, zu ändern, was ich ändern kann,
sowie die Weisheit, den Unterschied zwischen
beiden zu erkennen.

Reinhold Niebuhr

SCHLUSSWORT

Das war meine Geschichte. Geschrieben habe ich sie in der Hoffnung, daß sie anderen Menschen helfen kann.

Die im Bereich Angstbewältigung gezeigten Möglichkeiten sind als Angebot, als "Warenkorb" anzusehen. Die Heilung – und was jedem dazu verhilft – ist höchst individuell.

Probieren Sie aus, was Ihnen hilft. Ich freue mich über jeden von Ihnen erzielten Erfolg mit.

Herzlichst

Roland Rosinus

Für Erfahrungsaustausch und den Bezug der Kassette

Roland Rosinus
Hochstraße 91
D-66386 St. Ingbert

Besuchen Sie mich im Internet
(bald auf einer eigenen Home-Page)

e-mail:
RolandRosinus@otelo-online.de

LITERATURHINWEISE

Hay, Louise L.: Heile Deinen Körper, Alf Lüchow Verlag 1989

Larsen/Hegarty: Tage der Heilung, Tage der Freude, dt. Ausg. Heyne Verlag 1990

Murphy, Joseph: Das Wunder Ihres Geistes, Goldmann Verlag 1964

Wagner-Link, Angelika: Aktive Entspannung und Streßbewältigung, Expert Verlag 1989

Wolf Doris: Ängste verstehen und überwinden, PAL Verlag 1989

Angstfibel der Fachklinik Bad Pyrmont

Zum Weiterlesen:

Brenner, Helmut: Entspannungstraining, Humboldt Verlag 1982

Buchmann, Knut Eike: Die Kunst der Gelassenheit, Herder Verlag 1990

Hay, Louise L.: Wahre Kraft kommt von innen, Heyne Verlag 1997

Lauster, Peter: Wege zur Gelassenheit, Econ Verlag 1995

Smith, Manuel J.: Sage "Nein" ohne Skrupel, MVG Verlag 1988

Wolf/Merkle: Gefühle verstehen, Probleme bewältigen, PAL Verlag 1984